THÉATRE SCIENTIFIQUE

ÉLECTRICITÉ

GALVANI

DRAME EN CINQ ACTES

SUIVI DE NOTES SCIENTIFIQUES

PAR

M. ANDRAUD.

Tout mal vient d'ignorance.

Orné de Portraits.

PARIS.
GUILLAUMIN ET Cie, LIBRAIRES-ÉDITEURS,
RUE RICHELIEU, 14.

1854

GALVANI

TYPOGRAPHIE HENNUYER, RUE DU BOULEVARD, 7. BATIGNOLLES.
Boulevard extérieur de Paris.

Etne David lith

GALVANI.

Electricité _ Galvani, drame en 5 Actes

Imp. Lemercier Paris

THÉATRE SCIENTIFIQUE

ÉLECTRICITÉ

GALVANI

DRAME EN CINQ ACTES

SUIVI DE NOTES SCIENTIFIQUES

PAR

M. ANDRAUD.

Tout mal vient d'ignorance.

Orné de Portraits.

PARIS.
GUILLAUMIN ET Cie, LIBRAIRES-ÉDITEURS,
RUE RICHELIEU, 14.

1854

CE QUE VOUDRAIT L'AUTEUR.

Deux grands faits, de nature différente, ont signalé la fin du dernier siècle : la naissance du galvanisme, et la conquête de l'Italie par les armées françaises.

Il entrait dans les convenances de la nouvelle poétique théâtrale que je veux tenter (dramatiser la science) de confondre ces deux événements, bien que l'un ait précédé l'autre de quelques années. Je me hâte donc de dénoncer à la critique cet anachronisme, qui place en 1797 un fait qui s'est produit en 1792. Sur cette erreur bien volontaire je passe condamnation, quoique je pusse me prévaloir de certains priviléges qui, en fait de dates, permettent à l'auteur dramatique de s'affranchir de l'exactitude imposée à l'historien. Au reste, ce n'est pas la seule licence que je me sois permise : je n'ai emprunté au philosophe de Bologne que son nom et son caractère ; tout le reste, appréciations scientifiques, événements et surtout personnages, est de pure invention. Ce dernier point était, selon moi, une nécessité, en raison des inconvénients attachés à la mise en scène de noms presque contemporains. Je regrette pourtant Aldini [10], parce que ce savant, après la mort de Galvani, son oncle, a continué ses travaux d'une manière éclatante, justement dans le sens des pensées d'avenir qu'il m'a plu d'attribuer à l'illustre professeur.

J'ai voulu, sous le nom de Galvani, exposer ou plutôt mettre en scène l'*électricité*, considérée sous le point de vue le plus élevé et dans son acception la plus hardie. L'entreprise n'était pas sans difficulté : peindre la vie calme d'un vieux médecin, occupé en silence de recherches anatomiques, et que le hasard met sur la voie d'une grande découverte, me semblait peu favorable aux émouvantes péripéties du théâtre. Je sentais qu'il fallait au Galvani tel que je l'imaginais un cadre qui fît ressortir ses traits et sa pensée ; je me suis hasardé à le jeter violemment au milieu de l'incendie révolutionnaire qui éclairait alors l'Italie, et, tout à coup, cette pâle figure s'est illuminée, s'est vivifiée.

[10] Voir les notes à la fin du drame.

Je dois dire, en passant, que cette audace m'a porté bonheur. Elle m'a conduit à la connaissance d'un fait considérable : c'est-à-dire que la science, loin de rester étrangère à la politique, devait, au contraire, lui être intimement liée; qu'elle seule pouvait lui servir de base et lui fournir les lumières qui lui ont manqué jusqu'à ce jour. — J'ai chargé mon Galvani d'enseigner cette vérité méconnue que désormais toutes bonnes lois sociales doivent se modeler sur les grandes lois de la nature [15]. J'ai aussi, d'avoir touché à la politique, retiré cet avantage qu'ayant à parler de conspiration, j'ai pu faire ressortir tout ce que ces sociétés prétendues secrètes comportent de dangers pour les dupes qui s'y engagent. — Mais revenons à notre sujet.

L'œuvre qu'on va lire est un premier essai de cette alliance que je voudrais créer entre la science proprement dite et le drame. Cette expérience a pour objet (et c'est là son excuse) d'agrandir, s'il se peut, le domaine de l'art théâtral.

Jusqu'à ce jour, la scène a puisé ses ressources dans l'arsenal, si bien approvisionné, des passions humaines. Les vices et les ridicules, les vertus et les crimes, ont toujours été et doivent toujours rester son patrimoine

(15) Voir les notes à la fin du drame.

principal; mais non pas, croyons-nous, son patrimoine exclusif. Un peu de sang nouveau dans ses veines ne ferait peut-être pas mal. Aux riches éléments d'intérêt dont dispose le théâtre, pourquoi n'essayerait-on pas de joindre la peinture des faits merveilleux de la science, des incidents qui ont accompagné les grandes découvertes du génie, afin de les féconder en les popularisant ? Qu'on se rassure pourtant : nous n'avons pas eu la mauvaise pensée de faire du théâtre le rival de l'Université; seulement, il nous a paru que les fleurs de la science, cultivées jusqu'à présent à l'ombre et sur le terrain un peu froid des académies, pourraient bien acquérir une végétation plus vigoureuse et produire de meilleurs fruits, si elles étaient exposées en plein soleil, au rayonnement des passions. Les âmes émues font les esprits pénétrants.

Quoi qu'il en soit, on remarquera que, dans cette première œuvre de fusion, l'élément scientifique est mêlé au drame à très-faible dose; il suffit à l'auteur d'indiquer son intention et de prendre les avis du public. S'il échoue, il s'empressera de désavouer une entreprise sans portée; s'il réussit, il se flatte que de plus habiles viendront démontrer qu'on a bien fait d'encourager une tentative dont le but est d'accroître la dignité de la scène; car il s'agit d'élever le niveau des connaissances populaires et partant de la moralité publique.

Si l'opinion, que je consulte, accueillait favorablement les vues que je viens d'exposer, j'ai la conviction qu'il n'est aucun sujet, si aride qu'il soit, qui ne puisse un jour passer de nos écoles sur nos théâtres. Tout le secret du poëte sera de personnifier la science dont il aura à s'occuper par un de ses représentants les plus célèbres, et qui aura le plus souffert pour elle. Par exemple, voulez-vous dramatiser la *mécanique*, cette chose qui, au premier aspect, semble si étrangère aux émotions de la scène? appelez-la *Archimède*, et vous aurez le plus riche sujet qui se puisse rencontrer : quel spectacle, en effet, que la lutte de cet homme qui, sans autres armes que ses inventions techniques, tient en échec, pendant tant d'années, les armées et les flottes de Rome, et périt absorbé dans une de ses sublimes méditations !

Et la *philosophie*, cette autre science si froide, si passive; si je voulais la dramatiser, je la représenterais sous l'image d'une de ses plus célèbres victimes : de la jeune et belle Hypatie, d'Alexandrie, chef de l'école platonicienne. Est-il une époque plus favorable à la mise en scène des sectes et des doctrines de l'antique sagesse ? Est-il une mort plus tragique que celle de cette femme, qui tomba martyre de la philosophie rationnelle, avec autant de gloire que les plus saints martyrs de la philosophie révélée ?

J'ai cité ces deux exemples entre mille pour bien faire comprendre ma pensée, et indiquer par quel artifice on peut résoudre le problème que je propose.

Le drame de Galvani est écrit depuis plus de douze ans ; quoiqu'il ait été conçu en vue de la représentation, le moment ne s'est pas encore rencontré qui m'ait paru favorable à le produire à la scène. Ce moment arrivera-t-il ? Il n'en faut pas douter : il arrivera lorsque l'apaisement des esprits aura consolidé parmi nous la confiance commune et permettra de retracer ces grands faits historiques dont se glorifie la France, ces guerres de géants où nos armées, conduites par un homme choisi de Dieu, ont jeté partout les fondements de la liberté européenne.

REMARQUE. — Les renvois, indiqués par des chiffres, qu'on rencontrera dans le courant de l'ouvrage, se rapportent à des notes placées à la suite du drame. Ces notes, qui ne sont la plupart que des biographies abrégées, ont été classées par ordre chronologique, afin qu'elles présentassent dans leur ensemble un aperçu historique de la science de l'électricité. —

La dernière de ces notes, sous le titre de *Conclusion,* résume toute la pensée de l'auteur et la raison d'être de son œuvre.

GALVANI

DRAME EN CINQ ACTES.

Tout mal vient d'ignorance.

PERSONNAGES.

GALVANI (9), médecin, professeur d'anatomie; savant distrait, rêveur audacieux.

RAFAEL, fils de Galvani; conspirateur, chef de parti.

PIÉTRO, filleul et serviteur de Galvani; esprit fantasque, serviteur dévoué.

Le marquis d'ALTOMONTE, podestat; esprit borné, infatué de ses titres et de son autorité.

Le comte STÉFANO, émissaire de l'Autriche; ambitieux.

ANGÉLO, aumônier du marquis d'Altomonte; sensuel, intrigant.

GALÉOTI,
BERTRAM,
LEONI, } disciples de Galvani; conspirateurs.

ÉLÉNA, fille du podestat; jeune, belle, héroïque.

BALBINA, gouvernante d'Éléna; belle, encore jeune, pédante.

UN GARDIEN.

CONJURÉS.

ECOLIERS.

SOLDATS.

PEUPLE.

La scène se passe à Bologne, en 1797.

ACTE I.

Cabinet-laboratoire d'un anatomiste. — A gauche, une table de marbre derrière un rideau. — A droite, une table chargée de livres et d'instruments de physique. — Une machine électrique, etc.

SCÈNE I.

GALVANI seul, assis près de la table.

Rendre la vie aux morts! rappeler le souffle divin dans un corps inanimé! O pensée à briser le cerveau! pensée qui renferme cent fois plus d'orgueil qu'il n'en a fallu pour perdre le premier homme! Rendre la vie aux morts! mais c'est vouloir corriger l'œuvre de Dieu; vouloir être Dieu soi-même! Et cependant, il est certain que, depuis que la terre tourne, il y a malentendu entre le Créateur et sa plus noble créature : qu'on meure lorsqu'on est arrivé sur les limites d'une extrême vieillesse, lorsque les ressorts de l'organisme sont usés, on le comprend : c'est la loi universelle; mais dans la force de l'âge, dans la fleur de la jeunesse, mourir! mourir tout à fait, c'est là un non-sens que Dieu n'a pas commis... Il se lève. On serait épouvanté si l'on savait combien de vivants on enterre! Un jour, doctes ignorants, vous apprendrez que, dans presque tous les cas de morts prématurées, la vie n'est pas éteinte, elle sommeille. *Il prend un livre sur la table, et lit.* « Lorsqu'on posa le corps d'Héloïse dans le cercueil auprès « du corps d'Abeilard, mort depuis plus de vingt ans, ce « dernier éprouva une soudaine commotion, et les deux « amants se rapprochèrent visiblement l'un de l'autre. » Et l'on prit cela pour un miracle! Rien pourtant n'était plus naturel : le fluide symphatique, quintessence de l'esprit vital, s'était conservé vingt ans dans un corps frappé d'une mort apparente. Mais le moyen de réveiller à volonté cette vie endormie? où va-t-elle se réfugier? Là est tout le problème! Est-ce dans le cœur?... Non; il n'y a là que la force aveugle qui imprime le mouvement à la machine Est-ce dans la tête? Non; il n'y a là que l'impassible volonté qui règle ce mouvement. Ne serait-ce pas ici, vers l'épigastre, siége de toutes nos affections; là où viennent peser toutes nos peines, et s'épanouir toutes nos joies? Peut-être, oui; encore un *peut-être*, c'est-à-dire une faible lueur dans une nuit profonde! Et puis, cette électricité qui remplit l'univers, quel rôle joue-t-elle en tout ceci! âme matérielle qui agit sans comprendre, quelle est son action sur notre âme immatérielle, qui comprend sans agir! O mystères impénétrés resterez-vous toujours impénétrables!

SCÈNE II.

GALVANI, PIÉTRO.

GALVANI.

Ah ! c'est toi, Piétro.

PIÉTRO.

Oui, maître, j'ai idée que c'est moi.

GALVANI.

N'en es-tu donc pas sûr ?

PIÉTRO.

Depuis que je lis dans vos gros livres, je ne suis plus sûr de rien.

GALVANI.

Je t'avais défendu de toucher à ma bibliothèque.

PIÉTRO.

Maître, tenez-vous pour le système de Pythagoras ? Je crois, moi, que nous avons déjà existé plusieurs fois ; je me souviens...

GALVANI.

Tais-toi. Pourquoi entres-tu si tard ?

PIÉTRO.

Mais voilà un quart d'heure que je suis à votre porte ; je vous ai entendu parler tout seul, comme c'est votre habitude. Dieu me garde, quand vous êtes en conversation avec le premier savant de l'Italie...

GALVANI.

Tu me flattes... tu veux quelque chose.

PIÉTRO.

Une seule chose : étudier et devenir un grand médecin comme vous.

GALVANI.

Pauvre garçon !

PIÉTRO.

Sans doute, le service est doux auprès de vous, qui êtes mon bon parrain, et aussi auprès de votre fils, le seigneur Rafaël; quoique depuis quelque temps, sans reproche, il me fasse trotter par les rues de Bologne comme un vrai barbet; mais enfin on se sent là quelque chose qui vous dit que vous n'avez pas été envoyé sur terre pour y épousseter des meubles : on ne serait pas fâché de devenir un peu homme célèbre comme un autre.

GALVANI.

Il divague.

PIÉTRO.

Mon Dieu, je ne suis pas ambitieux : je ne désire ni les coffres pleins du juif Samuel, ni l'autorité du cardinal grand inquisiteur, ni les décorations qui miroitent sur les habits du podestat; la moindre chose me suffit : que je m'immortalise, voilà tout ce que je demande.

GALVANI, lui tâtant le pouls.

A part. Le pouls est bon, pourtant. Haut. Ah ! tu veux devenir un docteur !

PIÉTRO.

Un grand docteur !

GALVANI.

Tu es fou.

PIÉTRO.

Fou de l'anatomie.

GALVANI.

Tu ne sais pas seulement tenir un scalpel.

PIÉTRO.

Je le tiens bien ; mais c'est pour m'en servir... votre serviteur. Que voulez-vous, lorsqu'il s'agit de travailler sur le chrétien, le cœur me manque. Mais je m'y ferai; je commence à m'exercer sur des bestioles : des souris, des grenouilles. A propos, j'oubliais de vous dire qu'hier j'ai rencontré, au sortir du grand amphithéâtre, votre premier disciple, Galéoti. Il m'a fort recommandé de vous dire qu'il a votre affaire.

GALVANI.

Ah!

PIÉTRO.

Un sujet magnifique, qui ne devait pas passer la nuit.

GALVANI.

A merveille.

PIÉTRO.

Il pense vous l'envoyer ce matin.

GALVANI.

Il sera le bienvenu. A part. Je vais donc pouvoir tenter un nouvel essai de transfusion.

PIÉTRO.

Vrai! seigneur docteur, vous n'auriez pas de meilleur élève que moi.

GALVANI.

Encore!

PIÉTRO.

C'est votre faute aussi : pourquoi m'avez-vous nourri d'électricité?

GALVANI.

Comment!

PIÉTRO.

Vous ne vous rappelez pas que vous m'en avez fait manger, étant tout petit? Je m'en souviens comme si c'était hier : j'allais perdre la parole, je devenais muet; alors qu'avez-vous fait? Vous avez placé ma langue entre deux pièces de monnaies, l'une en cuivre, l'autre en argent; et quand les deux pièces venaient à se toucher, je sentais comme un drôle de goût.

GALVANI.

C'était de l'électricité, en effet.

PIÉTRO.

Et vous m'avez guéri, vous m'avez rendu la parole.

GALVANI.

J'ai fait là un beau coup.

PIÉTRO.

Ce remède est une de vos plus belles inventions.

GALVANI.

L'invention n'est pas de moi : elle appartient à Sulzer (5), de l'académie de Berlin. Mais c'était un jeu.

PIÉTRO.

A part. Sulzer,... je retiendrai ce nom. *Haut.* Ainsi, maître, c'est entendu, je m'en vais travailler à devenir maigre.

GALVANI, *s'éloignant.*

Laisse-moi tranquille.

PIÉTRO, *le suivant.*

Je veux marcher sur vos pas.

GALVANI.

La sottise est obstinée.

PIÉTRO.

Voulez-vous que je vous récite quelque chose que j'ai déjà appris?

GALVANI.

Toi!

PIÉTRO.

En cachette. *Il récite à haute voix.* « Les anciens, par respect pour les morts, avaient horreur des travaux anatomiques. »

GALVANI, à part.

Il a lu mes aphorismes.

PIÉTRO, récitant.

« Les médecins égyptiens étudiaient sur des squelettes en métal. Galien disséquait des singes. »

GALVANI, à part.

Le drôle va bien.

PIÉTRO, récitant.

« Ce ne fut qu'en 1396 qu'un roi de France ordonna aux magistrats de Montpellier de livrer tous les ans le corps d'un supplicié à l'École de médecine. »

GALVANI, à part.

Bravissimo !

PIÉTRO.

Encore, maître. « Le nombre des os du corps humain est de deux cent quarante-quatre : soixante-deux dans la tête, cinquante-six dans le tronc, soixante-deux dans les bras et dans les mains, et soixante-quatre dans les jambes et dans les pieds. »

GALVANI.

Tu m'étourdis.

PIÉTRO, parlant.

Ah ! maître, voulez-vous de l'électricité ? J'en sais.

GALVANI.

Comment, coquin, as-tu aussi fureté dans mes tablettes ?

PIÉTRO, récitant.

« Électricité vient d'*électron*, mot grec qui signifie *ambre jaune*, cette substance a la singulière propriété d'attirer les objets légers, lorsqu'elle est échauffée par le frottement (1)... »

GALVANI.

En voilà assez, Piétro.

PIÉTRO, récitant.

« Ce fut Guerrick, de Magdebourg (2), qui inventa, en 1647, les premières machines électriques. On doit à Dufay (3), savant français, la découverte des deux électricités contraires... »

On sonne.

GALVANI.

N'entends-tu pas qu'on sonne?

PIÉTRO, récitant.

« Ce physicien observa, en même temps que les anglais Wheeler et Grew (4), les effets merveilleux d'attraction et de répulsion, qui sont la grande loi de l'univers... »

On sonne plus fort; Piétro sort avec hâte.

GALVANI.

Ce riche trésor de la mémoire, chez certains individus pauvres d'esprit, est un phénomène très-remarquable. Je l'étudierai. Piétro rentre.

PIÉTRO, remettant un billet.

C'est le cadeau, que vous a promis votre disciple Galéoti, qui vous arrive.

GALVANI.

Ah! tant mieux! Montrant la table de marbre cachée par un rideau. Fais-le poser là-dessus. Piétro fait entrer deux hommes qui portent sur une civière un corps recouvert d'un drap; ils le déposent sur la table de marbre.

GALVANI, lisant le billet.

« Prisonnier de guerre, soldat inconnu, mort cette nuit; épuisement, suite de blessures. » Il donne quelque monnaie à Piétro.

PIÉTRO, aux hommes.

Tenez, mes braves, allez boire à votre santé. Il tremble. Allons, voilà déjà le frisson qui me frictionne. Il tire le rideau. Je ne me ferai jamais à cela. Les anciens avaient raison... Je suis peut-être un ancien !

GALVANI.

Piétro, laisse-moi. Piétro se hâte de sortir. Écoute... Va dire à mon fils que je désire lui parler.

PIÉTRO.

Oui, maître; s'il est chez lui : car, depuis quelques jours, le jeune homme ne tient guère en place; il ne dort plus, il ne mange plus... Il sort.

GALVANI.

C'est pour cela que je veux le voir.

PIÉTRO, revenant sur ses pas.

Vous ne m'avez pas fait compliment des choses que je vous ai récitées.

GALVANI.

Quand je voudrai acheter un perroquet, tu me feras songer à te donner la préférence.

PIÉTRO.

A part. Il est jaloux. Haut. J'ai là quelques jolies grenouilles ; pour me faire la main, je vais m'amuser à les déshabiller.

GALVANI, haussant les épaules.

Beau travail !

SCÈNE III.

GALVANI seul, regardant la table de marbre.

Encore une de tes victimes, stupide démon de la guerre! Pauvre sot, en quel pays chante-t-on un *Te Deum* pour le gain de la bataille où tu as tout perdu, même ton nom obscur? Pitié! De sa chair et de son sang, construire un monument de gloire, où viendra se pavaner l'insolence de quelque illustre scélérat! Il entr'ouvre le rideau. Il était jeune et plein de force, et le voilà frappé de mort, en apparence du moins... Oh! cette révolution de France a bouleversé toute l'Europe. C'est une extermination générale! Certes, les temps sont arrivés où la race d'Adam va périr, à moins qu'il ne survienne un homme qui dérobe au ciel le secret que je poursuis depuis si longtemps... O mon Dieu! cet homme, sera-ce moi!

SCÈNE IV.

GALVANI, PIÉTRO.

PIÉTRO, accourant.

Une visite, maître.

GALVANI.

Je n'y suis pas.

PIÉTRO.

Le marquis d'Altomonte.

GALVANI.

Le podestat! Il ferme vivement le rideau.

PIÉTRO.

Avec sa fille et toutes ses croix... Il est superbe à voir.

GALVANI.

Va vite! va vite! fais entrer... Avertis Rafaël. *Piétro sort.* Que me veulent-ils?

SCÈNE V.

GALVANI, LE PODESTAT, ÉLÉNA.

GALVANI.

Qui me procure, seigneur podestat, l'honneur de votre visite? Venez-vous voir l'ami ou le médecin?

LE PODESTAT.

Le médecin peut aller à tous les diables. Nous n'en voulons qu'à notre bon et vieil ami.

GALVANI.

Soyez donc le bienvenu, et vous aussi, chère enfant... Mais qu'avez-vous fait de ces roses que nous avions mises sur votre visage? Oh! oh! je ne suis pas content.

ÉLÉNA.

Vous êtes trop bon, docteur.

LE PODESTAT.

N'est-il pas vrai que vous la trouvez changée? Oh! c'est que, depuis quelques jours, nous avons certains petits soucis...

ÉLÉNA.

Mon père!

LE PODESTAT.

Je vous conterai cela, *bas à Galvani,* un mariage magnifique. *Haut.* Or çà, docteur, demain, relâche à votre amphithéâtre; vos élèves sont invités à aller se promener et vos malades à se bien porter. Quant à vous, vous êtes mis en réquisition pour venir, avec votre fils, vous réjouir chez le podestat. Il y a demain, chez moi, grandes fêtes par ordre supérieur.

GALVANI.

Est-ce que les armées françaises...

LE PODESTAT.

Il n'y a plus d'armées françaises : battues, culbutées, hachées sur tous les points.

ÉLÉNA, avec inquiétude.

Mais, mon père, êtes-vous bien sûr?...

LE PODESTAT.

C'est imprimé dans les gazettes de Rome et de Vienne. Déroute complète : on ne sait plus ce qu'est devenu le corps de Masséna dans la Carinthie; Bernadotte a été foudroyé à Gradisca, et leur chef Bonaparte, lui-même, a été obligé de décamper de devant Mantoue.

GALVANI.

Mais voilà de grosses nouvelles.

LE PODESTAT.

Venez de bonne heure; j'ai quelques bouteilles de vin d'Espagne, dont nous aurons raison avec frère Angélo, mon aumônier.

GALVANI.

Et comment va-t-il, ce saint homme?

LE PODESTAT.

Bien.

ÉLÉNA.

Il a failli étouffer, cette nuit.

LE PODESTAT.

C'est la joie qui en est cause.

ÉLÉNA.

Et un gros pâté de Crémone, qu'il a mangé tout entier.

LE PODESTAT.

Chacun exprime sa joie à sa façon : celui-ci en chantant, celui-là en dansant, cet autre en riant et même en pleurant; Angélo, lui, c'est en mangeant. Or, la nouvelle d'hier a causé chez lui un contentement si énorme, que, son estomac s'étant trouvé moins fort que son patriotisme, il a manqué en être victime ; heureusement que Balbina, la gouvernante de ma fille, était là qui l'a tiré d'affaire.

GALVANI.

Ah! Balbina : c'est une docte et sage personne. Heureuse signora de l'avoir auprès de vous !

ÉLÉNA.

Dites : auprès de frère Angélo; elle l'assassine de petits soins, et le fera mourir inondé de sirops et bourré de confitures. Apercevant la machine électrique près de la table de marbre. Oh, voici votre belle roue de cristal. Permettez-vous, docteur, que je la fasse tourner?

GALVANI, la retenant avec effroi.

N'approchez pas, signora, n'approchez pas !

LE PODESTAT.

Prends donc garde, Éléna ; ne touche pas à ces choses : il y a peut-être de la poudre. Mais nous sommes dans votre laboratoire, Galvani, je ne m'en étais pas aperçu. Il examine tout. Il n'y a pas de danger?

GALVANI.

En aucune façon.

LE PODESTAT.

C'est donc là cette machine que vous avez rapportée de Paris?

GALVANI.

Oui; à mon dernier voyage, lorsque j'y ai conduit mon fils, j'ai trouvé par hasard cette perle chez un marchand de curiosités (8). Elle a appartenu au célèbre Franklin (7).

LE PODESTAT.

Ah! oui... cet Américain... qui a inventé... quelque chose.

GALVANI.

Les paratonnerres.

ÉLÉNA.

Mieux que cela, docteur, il a inventé la liberté de son pays!

LE PODESTAT, montrant la roue électrique.

Que faites-vous de ceci, Galvani?

GALVANI.

Hélas! rien encore.

ÉLÉNA.

On peut, avec cette machine, vous tirer du feu des doigts.

LE PODESTAT.

Comment sais-tu cela?

ÉLÉNA.

Je l'ai appris du seigneur Galvani.

GALVANI.

De moi?

ÉLÉNA, à demi-voix.

Je n'ai pas dit de vous.

GALVANI.

Est-ce que mon fils vous aurait électrisée?

ÉLÉNA, avec embarras.

Oui, docteur.

GALVANI.

Ah, voilà nos roses qui reviennent.

ÉLÉNA.

Mon père, je vais vous expliquer cela : il y a dans l'air

qui nous environne un feu caché qu'on appelle *électricité*. Si vous tournez cette roue qui frotte contre des coussinets, le feu invisible, attiré par des pointes de fer, va se loger dans ces vases de cuivre, et si vous en approchez la main, le coup part, l'éclair brille, et vous recevez une vive secousse; c'est la foudre en miniature.

GALVANI.

C'est cela.

LE PODESTAT.

Savez-vous, mon cher Galvani, qu'avec toutes ces drôleries-là vous vous êtes fait un certain renom en Italie? Vous y êtes presque aussi connu que moi.

GALVANI.

Je ne visais pas si haut.

LE PODESTAT.

Comment se fait-il que vous n'ayez pas encore une seule décoration? Moi, j'en ai quatorze.

GALVANI.

Oh! vous, monseigneur, vous êtes un homme hors ligne. Mon fils!

SCÈNE VI.

GALVANI, LE PODESTAT, ÉLÉNA, RAFAEL.

GALVANI.

Approchez, Rafaël; venez présenter vos hommages à l'honorable marquis d'Altomonte.

RAFAEL, saluant le podestat.

J'obéis à mon père.

GALVANI.

Et à sa gracieuse fille, la signora Eléna.

RAFAEL, *à demi-voix.*

J'obéis à mon cœur.

LE PODESTAT, *à Galvani.*

Je trouve votre fils bien changé aussi.

GALVANI.

Entends-tu, Rafaël? Voilà monseigneur qui te trouve bien changé.

RAFAEL.

C'est que je suis toujours le même.

LE PODESTAT.

Je ne comprends pas.

GALVANI.

Depuis quelques jours, quelque chose le contrarie.

LE PODESTAT.

A part. Oh! cela je le comprends. *Haut.* Je vous le disais bien, mon ami, vous avez eu tort d'envoyer étudier votre fils à Paris.

RAFAEL.

Pourquoi cela? Paris est la reine des cités, le foyer des lumières.

LE PODESTAT.

Lumières où tant de papillons vont se brûler les ailes.

RAFAEL.

C'est le flambeau du monde!

LE PODESTAT.

Pour l'incendier.

RAFAEL.

Pour l'éclairer, monsieur!

LE PODESTAT.

Tenez, jeune homme, voulez-vous que je vous dise votre fait?

RAFAEL, regardant Eléna.

Vous en avez le droit, monseigneur, autant que mon père.

LE PODESTAT.

C'est aussi comme un père que je veux vous parler.

RAFAEL.

Oh! à ce titre, faites, seigneur podestat; parlez-moi comme à votre fils.

LE PODESTAT.

Vous menez un mauvais train de vie : vous négligez vos études pour des rêveries politiques, des folies, qui vous mèneront à mal. Laissez-là toutes ces billevesées. Renfermez-vous dans les devoirs de votre état. Que vous importe le gouvernement public? Est-ce que cela vous regarde? Travaillez, devenez un homme utile et honorable comme votre père; alors vous trouverez parmi les gens de votre condition quelque honnête fille que vous épouserez, et vous serez heureux. Rafaël reste stupéfait. — A Galvani. Voilà comme il faut mener les jeunes gens.

GALVANI.

Merci, monseigneur, merci.

LE PODESTAT, prenant le bras d'Eléna.

Allons, ma fille. A Galvani. A demain donc, docteur; vous nous amènerez ce rebelle; il faut qu'il se réjouisse, quoi qu'il en ait. A Rafaël. Nous comptons sur vous, seigneur républicain. Il rit. Ah! ah! ah! vos amis les Gaulois ont été frottés; eh bien, mon cher, il faut en prendre votre parti. Que diable venaient-ils faire ici? C'est entendu; vous viendrez danser au palais; sinon, par saint Robespierre, je vous envoie chercher par quatre hommes de ma garde. Il rit. Ah! ah! ah!

RAFAEL.

Seigneur marquis d'Altomonte...

ÉLÉNA, bas à Rafaël.

Acceptez.

RAFAEL.

J'accompagnerai mon père.

LE PODESTAT.

A la bonne heure! A Galvani. Nous le guérirons.

SCÈNE VII.

LES MÊMES, PIÉTRO.

PIÉTRO, accourant, hors de lui.

Maître! maître! seigneur Galvani! où est-il?... Ah, vous voici! venez voir! venez voir, j'étouffe!...

GALVANI.

Quoi voir?

PIÉTRO.

La chose du monde la plus surprenante, la plus merveilleuse, la plus diabolique. Se frappant le front. Ah, mon Dieu! est-ce que c'est le démon qui serait entré ici? Il regarde le podestat, qui est entre lui et la table de marbre.

LE PODESTAT.

Le maraud! me prendrait-il pour un esprit?

GALVANI.

T'expliqueras-tu? Es-tu fou? As-tu des hallucinations?

PIÉTRO.

Je l'ai cru; mais j'ai recommencé plusieurs fois. Toujours la même chose. Vrai, comme je m'appelle Piétro, je viens de faire danser des grenouilles mortes!

LE PODESTAT.

C'est de la sorcellerie.

GALVANI.

Tu dis qu'elles étaient mortes, et elles ont...

PIÉTRO.

Mortes depuis hier. Je les avais étendues sur une plaque de cuivre près de la grande machine, et rien qu'à les toucher de la pointe du scalpel; elles se sont mises à gesticuler, à sauter, à danser.

GALVANI.

Et tu es bien sûr qu'elles étaient mortes?

PIÉTRO.

Écorchées, coupées en morceaux... Voici comment...

GALVANI, lui mettant la main sur la bouche.

Tais-toi! viens, viens. Au podestat. Permettez, cher podestat...

PIÉTRO.

Venez aussi, monseigneur, cela vous divertira.

LE PODESTAT.

Par la corbleu, cela doit être curieux. Galvani fait un signe de mécontentement.— A Piétro. Il n'y a pas de danger, au moins?.. Ils sortent tous trois.

SCÈNE VIII.

RAFAEL, ÉLÉNA.

ÉLÉNA, voulant sortir.

Ne venez-vous pas, Rafaël? C'est presque un miracle.

RAFAEL, la retenant.

Oh! restez, reste, nos pères sont des enfants. Tu dis vrai, mon Eléna, le Ciel a fait un miracle exprès pour nous donner un moment de doux entretien.

ÉLÉNA, inquiète.

Prenons garde.

RAFAEL.

Oh! que les journées sont longues! Ne te voir qu'un moment, le soir, à la dérobée! J'ai été bien triste aujourd'hui.

ÉLÉNA.

Et moi, bien affligée : ami, tu ne sais pas, mon père m'a encore parlé de ce mariage maudit.

RAFAEL.

Mais quel est donc le misérable insensé qui vient ainsi se jeter à travers notre bonheur?

ÉLENA.

Mon père ne m'en parle qu'avec mystère : c'est quelque haut et puissant personnage, riche et de vieille maison.

RAFAEL.

Et moi, je ne suis qu'un pauvre écolier, sans nom et sans fortune.

ÉLÉNA.

La science a déjà fait célèbre le nom que tu portes, et nous sommes dans une époque où le courage est une fortune. Oh! mon ami, préparons-nous à une lutte opiniâtre; je connais le podestat : l'orgueil l'aveugle et domine dans son cœur tout autre sentiment.

RAFAEL.

Quoi! même sa tendresse pour sa fille?

ÉLÉNA.

Il se croira un Brutus à m'immoler à sa vanité; mais j'y suis bien résolue, je résisterai : plutôt appartenir à la mort que n'être pas à toi.

RAFAEL.

Qu'ai-je donc fait, mon Dieu, pour mériter un si grand bonheur!

ÉLÉNA.

Ce que tu as fait, mon Rafaël? je t'aime.

RAFAEL, lui prenant les deux mains.

Tu m'aimes! Oh, répète-le ce mot qui m'inonde de joie, ce mot plus doux que les saintes mélodies des chœurs célestes! tu m'aimes! Et depuis quand ce malheur est-il venu troubler la sérénité de ton âme?

ÉLÉNA, souriant.

Ce malheur, je l'ai ressenti le jour où tu quittas Bologne pour aller étudier en France. Trois ans d'absence! j'ai bien pleuré.

RAFAEL.

Cette absence a été longue aussi pour ton ami, longue et douloureuse; mais, ne va pas t'en offenser; cette séparation, je ne la regrette pas. C'est en France que j'ai appris à me connaître; je comprends maintenant tout ce que renferme le mot de patrie; et, dans mon cœur, à côté de ton image, Eléna, une autre image règne aussi en souveraine : la liberté!...

ÉLÉNA.

Va, je ne suis pas jalouse, et cette idole de ton cœur est aussi la mienne. Sois béni, mon Rafaël, et pour l'amour que tu me gardes, et pour ton saint dévouement à notre malheureuse Italie!

RAFAEL.

Oh! que ces fières paroles rehaussent mon courage! je le sens maintenant, nous sommes l'un à l'autre pour la vie!

ÉLÉNA, avec exaltation.

Pour l'éternité!

RAFAEL.

Il faut tout dire à ton père.

ÉLÉNA.

Il ne nous comprendrait pas.

RAFAEL.

S'il connaissait le lien chaste et mystérieux qui nous unit par une double sympathie.

ÉLÉNA.

Il le briserait.

RAFAEL.

Tu as raison.

ÉLÉNA.

Quel parti prendre?

RAFAEL.

Ecoute : nous vivons dans un temps de trouble, où tous les préjugés en ruine ne laissent plus pour règle de conduite que la conscience : le plus sûr, le plus sage est de ne prendre conseil que de soi-même. Te sens-tu capable d'une résolution hardie?

ÉLÉNA.

Tu veux que je te dise encore que je t'aime.

RAFAEL.

Eh bien, voici ce qui nous reste à faire...

Le podestat, Galvani et Piétro rentrent.

ÉLÉNA.

Mon père!... A demain!

RAFAEL.

A demain!

SCÈNE IX.

Les mêmes, LE PODESTAT, GALVANI, PIÉTRO.

LE PODESTAT.

On n'est point en sûreté chez vous, docteur; certes, il ne se peut rien voir de plus merveilleux.

GALVANI.

De grâce, monseigneur, ne parlez de ceci à personne. Piétro est un imbécile; jeux d'écoliers, pur enfantillage; ce n'est rien, rien absolument. A part. C'est un monde!

LE PODESTAT.

Je ne suis pas de votre avis. Il prend le bras de sa fille.

GALVANI.

Au revoir, cher podestat, au revoir. Sans faute, j'irai demain dans vos salons; comptez sur moi. A Eléna. Adieu, signora; je vous gronderai demain si je ne vous retrouve pas fraîche et rieuse comme autrefois. A Rafaël. Va, mon bon Rafaël, va reconduire Sa Seigneurie, qui voudra bien m'excuser.

ÉLÉNA.

N'oubliez pas frère Angélo.

GALVANI.

Oui, oui, j'irai ce soir. Prenez de l'exercice et ne travaillez pas trop avec signora Balbina.

LE PODESTAT, sortant, à Galvani.

Demeurez, demeurez, mon cher magicien. Il sort avec Eléna et Rafaël.

SCÈNE X.

GALVANI, PIÉTRO.

GALVANI.

Toi, Piétro, va fermer toutes les portes.

PIÉTRO.

Oui, maître.

GALVANI.

Ordre de ne laisser entrer ici âme qui vive.

PIÉTRO.

Oui, maître.

GALVANI.

Va et reviens de suite.

PIÉTRO.

Oui, maître. *Sortant.* Qu'a-t-il donc? Ses yeux brillent comme des escarboucles.

SCÈNE XI.

GALVANI, *seul.*

Humiliation! ce que je cherche depuis vingt ans avec tant d'études opiniâtres, au prix de ma fortune, de mon sommeil, de ma santé, c'est un rustre qui le trouve! sans s'en douter, par hasard! Mais non, cette découverte est mienne : Piétro a écarté, en aveugle, le fumier où gisait cette perle qui m'appartient... Enfin, j'entrevois! la lumière commence à paraître : les métaux de nature différente dégagent, par leur contact, une sorte d'électricité qui leur est propre. Or, si par l'entremise de ces métaux on met en communication un vivant avec un mort, le fluide vital du premier, guidé par l'électricité métallique, passe dans le corps inanimé; il y a transfusion de la vie; il y a résurrection, cela est évident; c'est le flambeau récemment éteint qui se rallume à l'approche de la flamme; c'est la harpe muette qui se met à résonner près de la harpe qui chante. Oh! je le tiens donc enfin le fil mystérieux qui doit me guider dans ce vaste labyrinthe! Conducteur plus sûr que ton aveugle algèbre, maître Æpinus (6)! Oui, je le sens, je compléterai l'œuvre du Créateur! Abaissez-vous, grands noms de la science! Que serez-vous auprès de moi, dans les siècles futurs: toi, Archimède, avec ton levier idéal qui soulève le monde? toi, Galilée, qui sentis la terre tourner sous tes pieds? et toi, Newton, qui, par la puissance de ton génie, enchaînes les uns aux autres tous les grands corps de l'univers? Vos gloires ne sont que des paroles hardies; vous n'avez rien changé à la marche des choses. Mais moi, je veux détrôner la mort! Il tire convulsivement le rideau qui cache le cadavre, recouvert d'un drap. A nous deux, nouveau Lazare! Il appelle. Piétro!

SCÈNE XII.

GALVANI, PIÉTRO.

GALVANI.

Approche.

PIÉTRO, tremblant.

Me voilà, maître.

GALVANI.

Plus près. Qu'as-tu?

PIÉTRO.

Je n'ai pas peur.

GALVANI.

Tu trembles.

PIÉTRO.

Comme la feuille ; mais le cœur est bon.

GALVANI.

Charge la machine.

PIÉTRO.

Où veut-il en venir? Il tourne la roue électrique avec violence.

GALVANI.

Assez, assez. Il étend à terre un tapis de soie entre la machine et la table de marbre. Monte sur ce tapis de soie pour t'isoler.

PIÉTRO, se plaçant sur l'isoloir.

M'y voici. A part. Je n'ai plus de jambes.

GALVANI.

Prends cette chaîne de cette main, et ce conducteur de l'autre.

PIÉTRO.

Il va se passer quelque chose d'affreux.

GALVANI.

Maintenant, mets-toi en communication avec lui. Montrant le cadavre. Tiens ferme le conducteur appuyé là... au-dessous du cœur.

PIÉTRO.

Mais que voulez-vous donc faire, maître?

GALVANI.

Ecoute : jusqu'ici nous avons essayé la transmission immédiate sans succès. Eh bien, j'ai imaginé de faire passer le courant électrique à travers un réservoir de fluide vital.

PIÉTRO.

C'est une bien belle idée... *Sa frayeur augmente.*

GALVANI.

Tu es le réservoir, de sorte que, selon toute probabilité, une partie de ta vie va passer dans son corps.

PIÉTRO.

Jésus! mon Dieu!

GALVANI.

Aie bon courage! ne bouge pas. Je vais t'infuser le fluide électrique peu à peu au moyen de cette pointe et sans commotions.

PIÉTRO.

S'il vous plaît?

Galvani approche doucement l'extrémité de la chaîne de la machine.

GALVANI.

Eh bien! sens-tu?

PIÉTRO, *balbutiant.*

Voilà que ça commence...

La chaîne touchant la machine, une vive étincelle part; Piétro reçoit une violente secousse. Il regarde le cadavre, qui se dresse lentement sur son séant et retombe.

PIÉTRO, *pousse un grand cri.*

Ah! *Il s'enfuit.*

GALVANI, *avec enthousiasme.*

Euréka! euréka!

La toile tombe.

ACTE II.

Le palais du podestat. — Une galerie donnant sur des jardins.

SCÈNE I.

ANGÉLO, BALBINA.

ANGÉLO.

On étouffe dans ces salons du podestat.

BALBINA.

Venez, frère, venez ici, sous cette galerie, respirer un peu d'oxygène.

ANGÉLO.

Dites : antiphlogistique, ma sœur ; ce sont les révolutionnaires qui ont aussi détrôné ce nom si doux et si orthodoxe, pour élever sur le pavois ce barbare mot d'oxygène.

BALBINA.

Eh bien ! frère, abreuvons-nous ici d'antiphlogistique.

ANGÉLO.

Avec vous, docte Balbina, très-volontiers.

BALBINA.

Depuis que vous m'avez appris les phénomènes de la respiration, j'ai horreur de ces cohues où nos pauvres poumons ne se saturent que d'un air empoisonné.

ANGÉLO.

Je vous remercie, chère sœur, du soin que vous prenez de votre précieuse santé. Dites-moi : que pensez-vous de la physionomie de nos salons?

BALBINA.

Il me semble que toutes ces figures administratives se réjouissent avec une tristesse...

ANGÉLO.

Séditieuse. J'ai assisté à des funérailles moins lugubres que cette fête. Il tire de sa poche un billet. Ah! ma chère sœur, vous connaissez le rédacteur de la *Gazette de Bologne*, je viens de l'apercevoir là-dedans; obligez-moi de lui remettre cette note ; il faut qu'elle soit insérée dans la feuille qu'on lira demain.

BALBINA, lisant le billet.

« La fête donnée hier chez le podestat a été des plus « brillantes. Tout ce que Bologne renferme de plus dis- « tingué par la naissance, par la beauté et par le talent, s'y « était donné rendez-vous. On s'y entretenait avec bonheur « de la déroute des armées françaises et du triomphe de la « bonne cause; c'était une joie impossible à décrire : l'en- « thousiasme était à son comble. » Un petit mensonge.

ANGÉLO.

Hélas! ma sœur, le monde est si bizarre, la vérité ne saurait s'y produire qu'en boitant; quelques légères entorses, et voilà pour la faire marcher droit. D'ailleurs, vous le savez, ma chère sœur, l'intention! l'intention!

Balbina sort.

SCÈNE II.

ANGÉLO, seul.

Ah! Bologne, Bologne! ville maudite! Les idées françaises sont tombées sur toi, comme les dix plaies sur le royaume d'Egypte... Voilà où nous ont conduits les lâchetés de nos Pharaons... Si jamais je devenais grand inquisiteur! En attendant, poursuivons ici modestement l'œuvre prescrite : tout voir, tout entendre, tout rapporter... Ah! nos pères du Vatican, vous m'avez donné là une rude besogne! Heureusement Dieu, qui m'a ouvert les portes de cette maison, a daigné m'y envoyer quelque allégeance. Mon labeur est devenu surtout plus facile depuis que j'ai pénétré le véritable caractère de ce comte Stéfano. Et moi qui prenais ce mystérieux personnage pour un farouche républicain! Ce m'a été une grande joie d'apprendre qu'il joue céans, pour le compte de la cour de Vienne, le même rôle que moi pour la cour de Rome. Aussi, depuis que nous nous entendons, tout s'éclaircit, tout marche, c'est merveille! Le bon podestat est tout à nous, digne homme! Sa fille, la riche signora Eléna, elle payera au comte les frais de la guerre. Quant à Balbina, vous le savez, Seigneur, curieuse de la science mondaine, elle a daigné jeter les yeux sur moi pour l'instruire. Il fallait, quelque prix qu'il en coûte, la mettre dans nos intérêts... Elle y est.

SCÈNE III.

ANGÉLO, BALBINA.

BALBINA.

Votre note sera insérée littéralement. Imprudent ! que faites-vous là près de cette fenêtre? Voilà comme on s'expose aux malignes influences des fraîcheurs de la nuit. Comment vous trouvez-vous, frère, de votre incommodité d'hier?

ANGÉLO.

Mieux, ma céleste.

BALBINA.

Grâce au Ciel.

ANGÉLO.

Et à votre divin rosolio. Parlons affaires : avez-vous entretenu votre belle pupille du grand projet? Penche-t-elle à être favorable aux vœux du comte Stéfano ?

BALBINA.

La matière est délicate ; j'en ai touché quelques mots, qui, à vrai dire, ont été pris assez froidement.

ANGÉLO.

Avez-vous insinué que le comte Stéfano...

BALBINA.

Je n'ai nommé personne ; et, au fait, qu'aurais-je pu dire du comte Stéfano? Je ne le connais pas. On le voit ici en assez bonne posture ; il semble avoir la confiance de monseigneur ; mais enfin, qui est-il? d'où vient-il? où est sa famille? où est son comté? quels sont ses titres? Encore faut-il, si l'on veut que je plaide en sa faveur...

ANGÉLO.

Sans doute, ma sœur, sans doute, il convient que vous sachiez tout : il le faut. *Il regarde autour de lui avec précaution.* Mais il s'agit ici d'une affaire capitale, d'un secret d'État ; vous le confier, ma sœur, c'est attirer sur ma tête une responsabilité terrible.... Mais vos bons sentiments pour moi me rassurent.

BALBINA.

Parlez, Angélo, parlez : quand tous les feux de l'enfer seraient là...

ANGÉLO.

Sachez donc que le comte Stéfano n'est point ce qu'il paraît être : il sort, par voie indirecte et mystérieuse, de famille presque souveraine. Sa mère fut... comment dirai-je ? quelque chose comme une archiduchesse... veuve. On l'éleva clandestinement sous le nom de Stéfano, comte d'Arona. Riche des dons secrets de sa mère, sa jeunesse fut dissipée, pleine de mauvaises passions et de désordres ; si bien que sa mère étant morte subitement, et la source de ses richesses tarie, il tomba dans la misère. Heureusement, un des membres du Conseil aulique, confident des particularités de sa naissance, entreprit de relever sa fortune ; il l'envoya dans ce pays comme chargé des intérêts politiques de l'Autriche. Revêtu des pouvoirs les plus étendus, mais occultes, le comte Stéfano tient ici dans ses mains le fil de toutes les polices allemandes et italiennes ; il a surtout pour mission de surveiller et de détruire ces misérables sociétés secrètes qui nous envahissent de tous côtés. Or, ma chère Balbina, voyez où peut prétendre le seigneur Stéfano : si, comme il n'en faut pas douter, l'esprit de révolte est vaincu et que le génie allemand l'emporte, il est publiquement reconnu comme comte d'Arona, archiduc peut-être ; et que sait-on? Qui empêcherait de reconstruire un jour pour lui le vieux royaume lombard! S'il faut tout vous dire, c'est là où aspire son ambition. Je n'entre dans tous ces détails, ma sœur, que pour vous faire comprendre combien il importe que la signora Eléna ne rejette pas les hommages d'un homme qui peut un jour échanger sa couronne de comtesse contre un diadème, et dont le ressentiment, en cas de refus, le porterait infailliblement aux plus cruelles extrémités.

BALBINA.

Oh! que m'apprenez-vous là, mon frère!

Galvani et son fils traversent le fond de la scène.

ANGÉLO.

Silence! voici du monde.

BALBINA.

C'est Galvani et son fils qui passent.

ANGÉLO.

Je n'aime pas ces Galvani dans le palais du podestat.

BALBINA.

Comment! le docteur! un homme si pieux!

ANGÉLO.

Mauvaise piété! Ce vieillard est trop curieux de l'arbre de la science. Savez-vous qu'il court sur son compte d'étranges bruits? on dit qu'il s'est vendu au malin esprit.

BALBINA.

Dieu du ciel!

ANGÉLO.

Qu'il se livre en secret à des œuvres de magie et qu'il ressuscite des morts.

BALBINA.

Des morts!

ANGÉLO.

Piétro, son serviteur, que j'ai doucement interrogé, m'a avoué le fait : cette nuit même, plus de vingt trépassés auraient dansé chez lui une ronde diabolique.

BALBINA.

Abomination !

ANGÉLO.

Mais patience ; nous y mettrons ordre. Nous arracherons ce bon docteur aux griffes de Satan : il a quelquefois sauvé mon corps, je sauverai son âme.

BALBINA.

Songeriez-vous pour lui aux purifications du saint tribunal ?

ANGÉLO.

Quant au fils, c'est autre chose ; âme perdue sans ressource : il a sucé le lait des mauvaises doctrines, dans cette Babylone qu'on appelle Paris... Mais pourquoi nous occuper de ces gens-là ? Ne vaudrait-il pas mieux, Balbina, employer ces quelques moments à mettre dans votre esprit certaines clartés qui lui manquent encore ?

BALBINA.

Vous êtes bon de prendre ainsi souci de mon éducation.

ANGÉLO.

L'occasion serait belle d'aller ce soir admirer les grottes phosphorescentes du mont Paterne.

BALBINA.

J'ai toujours desiré connaître le mystère de ces pierres lumineuses, qui sont une des gloires de Bologne ; mais je n'ai jamais osé m'aventurer la nuit vers ces grottes ; leur voisinage de ce vieux monastère en ruines m'effraye.

ANGÉLO.

C'est l'heure favorable aussi pour entendre l'écho des

cascades lointaines; l'effet en est merveilleux dans les ruines du monastère.

BALBINA.

Vous êtes l'esprit tentateur; mais vous le savez, mon révérend, mon devoir me retient ici auprès de la signora Éléna.

Galvani avec le podestat et Stéfano paraissent au fond de la scène.

ANGÉLO.

A part. Encore des fâcheux. Haut. Allons du moins causer en paix, là dehors, sous les orangers en fleurs.

Angélo et Balbina sortent par le côté.

SCÈNE IV.

GALVANI, LE PODESTAT, STÉFANO.

Galvani et le podestat entrent ensemble, en causant, d'un côté; Stéfano entre par le côté opposé.

STÉFANO, au podestat

Je vous cherchais, monsieur le marquis.

LE PODESTAT.

Je suis à vous, monsieur le comte. A Galvani. C'est donc entendu, docteur?

GALVANI.

Vous me donnez là, monseigneur, une commission bien délicate.

LE PODESTAT.

Bah! bah! les médecins ont toujours de bonnes raisons à donner. — Effrayez-la, décidez-la.

GALVANI.

Je ferai de mon mieux. — N'oubliez pas, monseigneur,

notre séance de dimanche prochain, au grand amphithéâtre.

LE PODESTAT

Je n'aurai garde.

GALVANI.

Il faut qu'avec son podestat, tout Bologne assiste à cette fête de la science.

LE PODESTAT.

Nous y mènerons M. le comte.

GALVANI.

Ce n'est pas une petite affaire, messieurs, que la transfusion de la vie. Il sort.

STÉFANO, mystérieusement.

Une note du Conseil aulique.

LE PODESTAT.

Ah ! ah !

STÉFANO, lisant.

« L'heure est arrivée d'agir avec vigueur : il faut à tout prix anéantir cette société des carbonari dont les chefs se réunissent, la nuit, dans les ruines d'un monastère. »

LE PODESTAT.

Les scélérats !

STÉFANO.

« Examinez surtout les démarches d'un prêtre, nommé Chiaramonte. »

LE PODESTAT.

Un prêtre !

STÉFANO.

« Le fils d'un des hommes les plus notables de Bologne est, dit-on, le chef de cette bande : tâchez de le découvrir. »

LE PODESTAT.

Nous le découvrirons.

STÉFANO.

« On nous assure que cet audacieux conspirateur communique avec le général en chef de l'armée ennemie. »

LE PODESTAT.

Voyez-vous !

STÉFANO.

« Frappez sans miséricorde. — Le Conseil compte sur votre énergie et sur le zèle de la Commission extraordinaire que vous nommerez. »

LE PODESTAT.

Ah mais ! ah mais !...

STÉFANO, à part, lisant.

« Surveillez aussi le podestat. »

LE PODESTAT.

Vous dites?

STÉFANO.

Le Conseil m'engage à seconder le podestat.

LE PODESTAT.

Oh ! j'y compte bien. Voyons, monsieur le comte, venez demain déjeuner avec moi, et nous combinerons ensemble les mesures.....

STÉFANO.

C'est fait.

LE PODESTAT.

Bravo ! et comment...

STÉFANO.

Pas un des factieux ne nous échappera.

LE PODESTAT.

A merveille... et par quels...

STÉFANO.

Le piége est inévitable.

LE PODESTAT.

Fort bien; mais puis-je savoir...

STÉFANO.

Vous saurez tout, monsieur le marquis.

LE PODESTAT.

Très-bien! très-bien! Pourtant j'aurais été bien aise de...

STÉFANO.

Pour accomplir la mission qui m'est confiée, je ne reculerai devant rien : je serai impitoyable.

LE PODESTAT.

Voilà un homme d'Etat!

STÉFANO.

Mais vous savez, seigneur podestat, quel prix j'attends de mon dévouement sans bornes au parti que vous représentez.

LE PODESTAT.

Oui, oui, monsieur le comte, vous avez ma parole et je la maintiendrai; nos batteries sont toutes prêtes; je viens de mettre le docteur dans nos intérêts; Angélo et Balbina marchent de concert avec nous.

STÉFANO.

Mille grâces, monseigneur; mais l'espoir d'appartenir à votre illustre maison...

LE PODESTAT.

Ma maison! dites donc mon palais, mon cher, dites mes palais; j'en ai trois, au soleil, tout en marbre.

STÉFANO.

Avec vous et la divine Eléna, un simple châlet suffirait à mon ambition...

LE PODESTAT.

Bon Stéfano! votre main; vous serez mon gendre, ou, par Dieu, ma fille... Elle connaît déjà nos projets et ma volonté; j'avoue franchement que la nouvelle l'a un peu... comment dirai-je?

STÉFANO.

Surprise.

LE PODESTAT.

Mieux que cela.

STÉFANO.

Effrayée.

LE PODESTAT.

Mieux encore : épouvantée, c'est le mot. Mais laissez faire : c'est ma faute, je n'y ai pas mis assez de précautions; elle est si timide, la pauvre colombe!... Ah! la voici.

SCÈNE V.

LE PODESTAT, ÉLÉNA, STÉFANO, *puis* ANGÉLO.

ÉLÉNA.

Fra Angélo me dit que vous me demandez, mon père.

LE PODESTAT.

Moi! pas du tout... mais tu n'es pas de trop, reste.

ÉLÉNA.

Je n'ai garde de troubler vos graves entretiens diplomatiques.

LE PODESTAT.

Il n'y a pas ombre de diplomatie dans nos discours, mon enfant, et c'est justement de toi... Frère Angélo entre et s'approche du podestat. Qu'y a-t-il, mon révérend?

ANGÉLO, à demi-voix.

La présence de monseigneur est nécessaire dans les salons, une altercation assez vive vient de s'élever entre le major-général autrichien et le fils de votre docteur, le jeune Rafaël.

LE PODESTAT.

Diable! pardon, monsieur le comte, permettez que ma fille et le digne Angélo vous fassent un moment compagnie. *A sa fille.* Demeurez, Éléna. *Il sort.*

STÉFANO, *bas à Angélo.*

Qu'y a-t-il, Angélo?

ANGÉLO, *à demi-voix.*

Rien, j'ai voulu l'éloigner. *A Éléna.* Tout le monde, ce soir, vous a trouvée, ravissante, signora... Ah! Dieu du ciel! j'oubliais, voici l'heure de l'angélus. Je reviens dans une seconde. *Bas à Stéphano.* Tous les billets ont été remis. *Il sort.*

STÉFANO, *le regardant sortir.*

Quel homme!

ÉLÉNA, *étonnée.*

Est-ce une conspiration?

SCÈNE VI.

ÉLÉNA, STÉFANO.

STÉFANO.

Daignerez-vous me permettre, charmante Éléna, de continuer avec vous l'entretien dont m'honorait monsieur l marquis?

ÉLÉNA.

Et de quoi parliez-vous, monsieur le comte?

STÉFANO.

Votre père me faisait la grâce de me consulter sur une affaire qui vous touche tout particulièrement.

ÉLÉNA.

Quoi! monsieur... mon père... Je ne vous comprends pas.

STÉFANO.

C'est-à-dire que vous m'avez parfaitement compris.

ÉLÉNA.

Vous êtes pénétrant, monsieur le comte.

STÉFANO.

J'aimerais mieux être persuasif. C'est qu'il s'agit du bonheur d'un galant homme, qui est fort de mes amis.

ÉLÉNA.

S'il ne s'agit que d'un de vos amis, tant mieux : je pourrai vous répondre avec plus de liberté.

STÉFANO.

Comment? belle Éléna... je ne vous comprends pas.

ÉLÉNA.

C'est-à-dire que vous m'avez parfaitement comprise. J'avais craint d'abord que vous ne fussiez personnellement intéressé dans cette affaire?

STÉFANO.

Et si cela était, signora?

ÉLÉNA.

Alors je serais obligée de m'en rapporter à votre pénétration.

STÉFANO.

Celui pour qui j'intercède est digne, en tout point, de l'honneur qu'il ambitionne.

ÉLÉNA.

En êtes-vous bien sûr?

STÉFANO.

Mais j'ai quelques raisons de n'en pas douter. Sa naissance est des plus illustres.

ÉLÉNA.

C'est là un point de peu d'importance.

STÉFANO.

Lorsqu'il a formé un projet, il y renonce difficilement.

ÉLÉNA.

Et moi, lorsque j'ai pris un parti, je n'y renonce jamais.

STÉFANO.

Mais enfin, signora, il a la parole de votre père.

ELÉNA.

Il n'a pas la mienne.

STÉFANO.

Et si le podestat disait : Je le veux !

ÉLÉNA.

La fille du podestat dirait : Je ne le veux pas !

STÉFANO.

A part. Quelle colombe! Haut. Enfin, signora, on donne des raisons.

ÉLÉNA.

Des raisons; en voici, monsieur le comte; et je vous prierai de les faire valoir auprès de mon père, sur qui vous avez, je le sais, beaucoup d'autorité. De graves événements se préparent; l'Italie esclave a entendu les cris de liberté qui ont franchi les Alpes; elle secoue ses chaînes, et les brisera peut-être. Dans cette sainte agitation du pays, il n'est personne qui n'ait pris parti pour ou contre : les uns, par calcul, croient qu'il est bon de rester attaché au joug de l'Autriche, et mon père est de ce nombre; d'autres, et je suis de ceux-là, ne rêvent que l'affranchissement de la patrie. Or, mon père n'a pu accueillir pour gendre qu'un homme que, moi, je n'accepterai jamais pour époux ! Elle sort.

STÉFANO, stupéfait.

J'ai un rival !

SCÈNE VII.

RAFAEL, PIÉTRO, STÉFANO.

Rafaël entre en lisant un billet que lui a remis Piétro.

RAFAEL

Qui t'a remis ce billet?

PIÉTRO.

Un homme masqué.

RAFAEL.

Retourne près de mon père, il est vieux prends bien soin de lui.

PIÉTRO, à demi-voix.

Avez-vous remarqué comme tout le monde nous regardait... avec des yeux!...

RAFAEL.

Si je ne rentrais pas cette nuit, que mon père l'ignore.

PIÉTRO.

Ah ! seigneur Rafaël... Piétro sort.

RAFAEL, apercevant Stéfano.

Ah ! je vous rencontre à propos, monsieur le comte.

STÉFANO.

Laissons-là les titres, bon Rafaël : il n'en est point entre de vrais carbonari ; je ne suis pour vous que Stéfano le républicain.

RAFAEL, lui prenant la main.

A la vie, à la mort !

STÉFANO.

Vous voilà tout flamboyant de joie.

RAFAEL.

Quand je suis entré dans ces salons, c'était avec la mort dans l'âme ; on s'y réjouissait de nos espérances perdues. Mais tout a changé de face : voici l'avis secret que je reçois. *Il lit le billet.* « Mantoue est prise par les Français, par-« tout les armées autrichiennes sont en déroute. L'heure « sainte a sonné. Levons-nous, enfants de la jeune Italie! « Demain, dans la nuit, réunion des chefs aux ruines du « monastère. »

STÉFANO.

Semblable avis m'est parvenu. Certes, je n'y manquerai pas. Avertissez vos amis, faites convoquer tout le monde.

RAFAEL.

Italie! Italie! le Ciel prend donc pitié de toi. Je verrai donc se réaliser le rêve ardent de toutes mes nuits.

STÉFANO.

Prenez garde, mon ami; moins d'enthousiasme.

RAFAEL.

Et vous, moins de froideur.

STÉFANO.

Ces murs ont des yeux qui épient et des oreilles qui écoutent.

RAFAEL.

Et nous avons des cœurs qui s'enflamment et des épées qui triomphent.

STÉFANO.

Ne compromettons rien par imprudence.

RAFAEL.

Ne viendrez-vous pas demain au rendez-vous?

STÉFANO.

Lâche et infâme qui y manquerait!

RAFAEL.

Bien, Stéfano, je vous reconnais.

Quelques personnes traversent le fond de la scène.

STÉFANO.

On vient; parlons d'autres choses. Dites-moi, mon cher Rafaël, vous dont le père, comme médecin, est un des familiers de cette maison, connaissez-vous, parmi les jeunes seigneurs de Bologne, ceux qui viennent le plus habituellement chez le marquis d'Altomonte?

RAFAEL.

Voilà qui est singulier; j'allais vous adresser exactement la même question.

STÉFANO.

Et dans quel but?

RAFAEL.

C'est que, parmi ces jeunes seigneurs, il en est un qui a osé lever les yeux sur la fille du podestat.

STÉFANO.

A part. C'est lui! *Avec dédain.* Ce n'est que lui. *Haut.* Et que vous importe, mon cher?

RAFAEL.

Ce qui m'importe! Oh! il faut que je vous dise tout; mon cœur est inondé de joie. Sachez donc, mon bon Stéfano, que j'adore la belle Eléna.

STÉFANO.

Je vous plains, mon ami.

RAFAEL.

Non, ne me plaignez pas; félicitez-moi, au contraire. Je suis le plus heureux des hommes : je suis aimé.

STÉFANO.

Vous!

RAFAEL.

Oh ! c'est une ravissante histoire : tout jeune, je venais chaque jour, amené par mon père, jouer dans les jardins du podestat, avec la petite Eléna, gracieuse enfant, qui promettait alors tout ce qu'elle a tenu depuis. Je n'oublierai jamais qu'un jour je lui demandai, en riant, si elle voulait être ma femme. « Assurément, je le veux, répondit-elle. — Eh bien ! jurez que vous n'aurez jamais que moi pour mari. » Alors, me saisissant les mains de ses deux petites mains : « Je vous le jure ! » s'écria-t-elle ; et une flamme divine sortait de ses yeux ! et une auréole entourait sa tête de chérubin !

STÉFANO.

Vous êtes fou, mon cher.

RAFAEL.

Ce n'était plus une enfant, ce n'était plus une femme : c'était une apparition céleste. Et vous croyez, Stéfano, que je souffrirai jamais qu'un autre...

STÉFANO.

Mais vous n'y songez pas : la fille du marquis d'Altomonte ! le plus fier des nobles de Bologne !

RAFAEL.

Des nobles ! Dans trois jours, il n'y aura plus dans Bologne que des citoyens.

STÉFANO, avec un enthousiasme simulé.

Au fait, vous avez raison : nous ferons table rase.

RAFAEL.

Comment l'entendez-vous?

STÉFANO.

Parbleu, comme l'entendaient nos glorieux maîtres, les dieux de la montagne.

RAFAEL.

Divinités infernales. Après la lutte et la victoire, plus de rigueurs.

STÉFANO.

Voulez-vous une révolution à l'eau de rose?

RAFAEL.

Je veux, sans violence, le triomphe de la raison.

STÉFANO.

Les préjugés ne s'éteignent que dans le sang.

RAFAEL.

Erreur ou mensonge; le sang est un mauvais ciment : les tueurs n'ont jamais rien fondé.

STÉFANO.

Le sang féconde le champ de la liberté.

RAFAEL.

Jamais! Il ne féconde que le champ de la vengeance et de l'esclavage. Défions-nous, Stéfano, de ces maximes traîtresses; ceux-là perdent les révolutions, par ignorance ou méchamment, qui en exagèrent le principe. Dans la grande œuvre que Dieu nous a confiée, ami, ne nous laissons guider que par les lumières de la philosophie et de la religion. *Le podestat et sa fille paraissent.* Voici le podestat; il semble fort soucieux. Peut-être a-t-il déjà eu vent de la grande nouvelle. — N'importe, mon cher comte, parlez-lui pour moi chaudement.

STÉFANO.

N'en doutez pas.

RAFAEL, *lui prenant la main.*

Digne ami!

STÉFANO, *à part.*

Odieux jacobin! Je le hais de deux haines.

SCÈNE VIII.

LES MÊMES, LE PODESTAT, ÉLÉNA.

LE PODESTAT.

Grâce au Ciel, je vous rencontre, monsieur le comte. A demi-voix. Savez-vous ce qui se passe? Nous sommes perdus!

STÉFANO, à demi-voix.

Je sais tout; rassurez-vous : fausse alerte. Tout va bien. (Voyant Rafaël qui s'approche d'Eléna.) Faites sortir ce jeune homme.

LE PODESTAT.

Ah! vous voici, Rafaël; ne sortez pas : j'ai à vous parler et à votre père aussi. A Stéfano. Venez dans mon cabinet; vous m'expliquerez cette énigme. Il l'entraîne.

RAFAEL, à Stéfano, à demi-voix.

Ma vie est entre vos mains!

STÉFANO, à part.

Plût à Dieu! Au podestat, avec dépit. Allons, monsieur le marquis! Ils sortent.

SCÈNE IX.

RAFAEL, ÉLÉNA.

ÉLÉNA.

Quoi! Rafaël, vous parlez ainsi à cet homme? Le connaissez-vous?

RAFAEL.

C'est mon ami.

ÉLÉNA.

C'est votre rival.

RAFAEL.

Lui!

ÉLÉNA.

Oui, c'est votre comte Stéfano. Mon père, enfin, l'a nommé. Et savez-vous où nous en sommes? Entre lui et le podestat, c'est marché conclu : je suis vendue. Dans deux jours, je serai la comtesse Stéfano.

RAFAEL.

J'aimerais mieux te savoir morte.

ÉLÉNA.

Moi aussi. Oh! mon Rafaël, que j'entrevois de terribles luttes! Déjà Balbina m'obsède; frère Angélo cherche à m'éblouir et à m'effrayer. Savez-vous ce qu'ils disent? que, sous les dehors d'un homme ami de l'oisiveté et des plaisirs, le comte cache et poursuit les plus vastes desseins; que sa naissance touche presque aux maisons souveraines, et qu'il est ici l'agent suprême du Conseil aulique.

RAFAEL.

Que dites-vous là, Éléna?

ÉLÉNA.

Que c'est lui, enfin, qui dirige en secret, au profit de l'Autriche, tous les mouvements politiques de l'Italie.

RAFAEL.

Cela n'est pas, cela ne peut pas être.

ÉLÉNA, lui présentant un écrit.

Lisez.

RAFAEL, parcourant rapidement l'écrit.

Trahison! trahison! Qui t'a remis cela?

ÉLÉNA.

Reconnais-tu bien le sceau impérial? Mon père, par orgueil, m'a montré cette lettre de créance, et moi j'ai voulu te la montrer aussi, pour que tu saches bien à quel homme nous avons à faire.

RAFAEL.

Laisse-moi cet écrit.

ÉLÉNA.

A quoi bon?

RAFAEL.

Je te le rendrai bientôt.

ÉLÉNA.

Je ne comprends pas...

RAFAEL.

Oh! je t'en supplie, ne cherche pas à comprendre: c'est un secret terrible qui me tuerait, s'il s'échappait de mes lèvres. Tu ne peux pas te figurer combien est infâme et vil cet hypocrite, qui se vantait parmi nous d'être un des apôtres de la liberté italienne, et qui tout à l'heure m'effrayait de la sévérité de ses principes. Et voilà l'homme auquel ton père te sacrifierait!

ÉLÉNA.

Ne crains pas que jamais je souscrive à cette union sacrilége.

RAFAEL.

Il faut la rendre impossible.

ÉLÉNA.

Oui, mourons ensemble.

RAFAEL.

Mourir! quand l'Italie, en péril, nous tend les bras. Mourir! Eléna! quand la gloire et le bonheur nous appellent. Ecoute: dans les ruines désertes du monastère de

Saint-Paterne vit, en ermite, un saint prêtre qui a reçu la confidence de nos secrets; il est prêt à sanctifier le lien sacré qui unit nos cœurs. Demain soir, lorsque la onzième heure aura sonné, viens avec moi auprès de l'homme de Dieu; nous nous agenouillerons, avec quelques amis dévoués, au pied du signe de la Rédemption; et là, en présence des grands astres du ciel, à l'heure mystérieuse où les étoiles versent sur la terre leur douce clarté, le saint prêtre recevra et bénira nos serments. Ne le veux-tu pas ainsi?

ÉLÉNA.

Que tu as d'esprit, mon Rafaël! Tu as trouvé pour sortir d'embarras un moyen bien meilleur que le mien. Oui, je le veux, mon père me pardonnera.

RAFAEL.

N'en doute pas: il se prépare des événements qui le rendront facile. Demain, à la dixième heure du soir, je viendrai te prendre sous les murs de ce jardin.

ÉLÉNA.

J'y serai.

Galvani entre, donnant le bras à Piétro. — Il prend Éléna à part.

SCÈNE X.

RAFAEL, ÉLÉNA, GALVANI, PIÉTRO.

RAFAEL.

Piétro. Piétro s'approche. — A demi-voix. M'es-tu dévoué?

PIÉTRO.

Dévoué!

RAFAEL.

J'ai besoin de tes services.

PIÉTRO.

Me voilà.

RAFAEL.

Je veux te confier de grands secrets.

PIÉTRO.

Parlez.

RAFAEL.

Aimes-tu la gloire ?

PIÉTRO.

Moi ! pour la gloire je ferais des bassesses.

RAFAEL.

Suis-moi. Ils sortent.

SCÈNE XI.

GALVANI, ÉLÉNA. Ils continuent une conversation commencée.

ÉLÉNA.

Ainsi, docteur, vous êtes plus content de ma santé aujourd'hui qu'hier ?

GALVANI.

Oui, ces douces flammes qui sortent de vos yeux me plaisent.

ÉLÉNA, lui tendant la main.

Eh bien, faisons donc la paix. Pourquoi me regardez-vous ainsi ?

GALVANI.

Si vous saviez combien pour un vieillard il est bon de regarder un jeune et frais visage !

ÉLÉNA.

Regardez donc, seigneur Galvani.

GALVANI, lui saisissant les deux mains avec émotion.

Ne bougez pas! *A part.* Certes, ce n'est pas une illusion : je sens bien couler dans mes veines comme un ruisseau de jeunesse! Je comprends maintenant les longues existences des patriarches; je comprends pourquoi le vieux roi David... *Haut.* Oh! pardon, bel ange, ce sont des idées qui passent ainsi à travers... De quoi parlions-nous!

ÉLÉNA.

Mais je ne sais; c'est vous qui avez, je crois, quelque chose à me dire.

GALVANI.

Ah, oui! Hier, je me plaignais de vos pâleurs, aujourd'hui je me plains de cette vive animation; savez-vous que ces alternatives m'inquiètent et tourmentent votre excellent père... Pour nous autres médecins, ces symptômes indiquent un grave désordre et la nécessité d'un... médicament souverain.

ÉLÉNA.

Je ne suis pas malade.

GALVANI.

Vous pouvez le devenir; c'est ce qu'il faut éviter.

ÉLÉNA.

Mais que faire? *A part.* Je sais bien ce qu'il va me dire.

GALVANI.

Ecoutez, mon enfant.

ÉLÉNA, à part.

Son enfant! J'ai envie de l'embrasser.

GALVANI.

Quel âge avez-vous?

ÉLÉNA.

Mon âge? Mais vous le savez mieux que moi, docteur; vous y étiez.

GALVANI.

Dix-neuf ans?

ÉLÉNA.

Vingt ans.

GALVANI.

Mais c'est un siècle! il n'y a pas une minute à perdre. Il faut prendre un mari.

ÉLÉNA.

A part. Voilà le grand mot! Haut. Et c'est là le remède...

GALVANI.

Infaillible pour rendre le bonheur à votre père et la tranquillité à vos amis.

ÉLÉNA.

Eh bien, puisque dans votre sagesse vous jugez nécessaire de recourir à cette extrémité.... je m'y résoudrai.

GALVANI.

Vraiment?

ÉLÉNA.

Il faut bien obéir à son médecin, si on ne veut pas mourir.

GALVANI.

Mais vous êtes un ange de docilité. Si je savais que votre pareille existe quelque part, sauf, bien entendu, les richesses et la naissance, j'irais la demander à deux genoux pour mon Rafaël.

ÉLÉNA.

Eh bien, docteur, ôtez-moi en pensée naissance e richesses, et embrassez votre fille. Elle l'embrasse.

GALVANI.

Ravissante! ravissante! A part. Quel riche trésor de fluide sympathique! Il y a là-dedans de quoi ressusciter vingt morts!

SCÈNE XII.

LES MÊMES, RAFAEL, PIÉTRO, LE PODESTAT, STÉFANO, BALBINA, ANGÉLO.

Tout le monde se retire des salons. — Rafaël et Piétro entrent d'un côté; le podestat et Stéfano entrent par le côté opposé, suivis de Balbina et d'Angélo.

LE PODESTAT, à demi-voix, à Stéfano.

Parfaitement compris, monsieur le comte, un grand coup de filet.

STÉFANO.

Silence!

PIÉTRO, portant un falot.— A Rafaël, à demi-voix, regardant Stéfano.

J'aurai l'œil sur lui. Il donne son bras à Galvani.

LE PODESTAT, à Galvani.

Vous vous retirez, docteur?

GALVANI.

Oui, monseigneur, avec la joie dans l'âme. A demi-voix. J'ai parlé.

LE PODESTAT, mystérieusement à Stéfano.

Il a parlé.

GALVANI, au podestat.

Elle est tout à fait décidée.

LE PODETSA, à Stéfano.

Elle est tout à fait décidée.

GALVANI, au podestat.

Ce sera quand vous voudrez.

LE PODESTAT, à Stéfano.

Ce sera quand nous voudrons.

STÉFANO, à part.

Cela est étrange!

LE PODESTAT, à sa fille.

Eléna, donnez la main à monsieur le comte.

ÉLÉNA, passant devant Rafaël, à demi-voix.

A demain.

STÉFANO, donnant son bras à Éléna.

Signora. Bas à Rafaël. Au monastère, demain à minuit.

RAFAEL.

J'y serai avant vous.

ÉLÉNA, à Balbina.

Balbina, je n'ai besoin de vous ni aujourd'hui, ni demain; vous êtes libre.

Tous sortent, excepté Angélo et Balbina.

SCÈNE XIII.

ANGÉLO, BALBINA.

ANGÉLO.

Eh bien, ma sœur?

BALBINA.

Eh bien, mon frère?

ANGÉLO.

Vous voilà libre.

BALBINA.

L'est-on jamais?

ANGÉLO.

Remarquez-vous comme la nuit est belle? L'écho doit être maintenant admirable sous les voûtes du vieux monastère ; il vous sera bien facile de comprendre par quelles lois de l'acoustique se produisent ces singuliers effets.

BALBINA.

Votre zèle est grand à chasser les ténèbres de mon esprit.

ANGÉLO.

Et la grotte aux pierres lumineuses ; jamais l'obscurité du ciel n'aura été plus favorable à l'éclat de ses prodiges.

BALBINA.

Vous me rendrez curieuse.

ANGÉLO.

Sainte curiosité que celle qui nous porte à connaître les grandes œuvres de Dieu ! Les admirer, c'est prier !

BALBINA.

Mais la prudence... Y avez-vous bien songé, frère ? seule, avec vous... la nuit... Si quelqu'un.

ANGÉLO.

Crainte chimérique : hormis les oiseaux de nuit qui hantent ces ruines, qui oserait en venir troubler la solitude ? Venez, Balbina ; le chemin qui mène à cet Eden, à travers les prairies, est plein d'enivrantes senteurs ; venez cueillir avec moi, sur l'arbre de la science, quelques-uns de ces fruits que le maître n'a pas défendus. Venez... la grotte sera discrète ; l'écho n'en dira rien. Quoi ! vous restez muette. Voyons, belle ignorante, répondez ; ne viendrez-vous pas ?

BALBINA.

Oui et non. Non, pour aujourd'hui ; oui, pour demain. A demain donc les leçons d'histoire naturelle ; aujourd'hui, je vous ai ménagé une surprise.

ANGÉLO.

Quelque œuvre de poésie ?

BALBINA.

De poésie culinaire : j'ai rédigé pour vous une savante collation.

ANGÉLO.

Une collation ! O diva !

BALBINA.

Succulente, et comme vous les aimez, arrosée de malvoisie.

ANGÉLO.

Balbina ! Balbina ! je vous le dis en vérité : vous êtes de la famille de saint Pierre, vous ouvrez les portes du ciel ! Allons souper !

ACTE III.

Un intérieur d'église en ruines. A droite, débris d'un tombeau ; à gauche, passage conduisant à la grotte lumineuse. — Au fond, diverses issues produites par la dégradation du monument. — Clair de lune.

SCÈNE I.

ANGÉLO, BALBINA.

Ils se tiennent par la main et entrent avec hésitation par la gauche.

BALBINA.

Où sommes-nous ?

ANGÉLO.

Dans les ruines de l'église du monastère.

BALBINA.

Sous cette voûte, où reviennent, dit-on, les âmes en peine ?

ANGÉLO.

Contes de nourrices, terreurs d'enfants !

BALBINA.

Quelle imprudence, frère, d'avoir entrepris cette malheureuse promenade ?

ANGÉLO.

Ayez courage ! Ne suis-je pas avec vous?

BALBINA.

C'est justement ce qui m'effraye. — Votre grotte, dont vous vantiez la solitude, nous la trouvons pleine de gens armés de flambeaux.

ANGÉLO.

Personne ne nous a vus.

BALBINA.

Qu'est-ce que tout cela signifie?

ANGÉLO.

Cela signifie que d'autres ont eu la même curiosité que nous ; — c'est un hasard fâcheux qui vient désenchanter le paradis où j'espérais trouver... le...

BALBINA.

Il y a dans votre paradis plus de ronces que de fleurs. Je vous en supplie, Angélo, sortons d'ici et regagnons la ville.

ANGÉLO.

Mais par où sortir ? Impossible de retourner sur nos pas, sans tomber au milieu de cette bande de malencontreux. Ah ! je vois là-bas une sortie ; peut-être sans issue...

BALBINA, effrayée.

On vient à nous ! Où fuir? où nous cacher ?

ANGÉLO.

Ici, derrière ce tombeau.

Ils se blottissent derrière le monument.

BALBINA.

Voyez donc cet homme portant une bêche et une lanterne, ne le connaissez-vous pas?

ANGÉLO.

On dirait le serviteur des Galvani... Mais oui, c'est Piétro.

BALBINA.

Ou son ombre! Notre châtiment commence.

SCÈNE II.

LES MÊMES, PIÉTRO, une lanterne à la main, une bêche sur l'épaule.

PIÉTRO.

Divin Pythagoras! qu'as-tu fait de mon âme depuis trois jours? Avant-hier, valet d'un docteur, je ressuscite des morts; hier, esclave d'un chef de parti, je m'attache en espion aux pas d'un comte maudit; aujourd'hui, voilà que j'habite le corps d'un fossoyeur! Pourquoi m'envoie-t-on creuser une fosse ici, sous cette nef de malheur, où l'écho, dit-on, répète sans cesse la plainte des trépassés? Oh! je le vois bien : la gloire est une fée qui habite le milieu d'une forêt d'épines, sans chemins; pour arriver jusqu'à elle, il faut se mettre en lambeaux. Il pose sa lanterne sur l'angle du tombeau. Demain que va-t-on dire dans Bologne, quand on saura que Rafaël Galvani a enlevé la belle Eléna?...

BALBINA.

Eléna!

PIÉTRO, tremblant.

L'écho! Quand on saura que dans la grotte lumineuse, en présence de plus de vingt témoins, ils ont reçu la bénédiction nuptiale d'un vrai prêtre de Dieu?

BALBINA.

Mon Dieu!

PIÉTRO, tremblant plus fort.

Une âme qui gémit... Si j'étais un profanateur... je serais damné....

ANGÉLO, avec intention, d'une voix sourde.

Damné!

PIÉTRO, reprenant sa lanterne.

Je m'en vais... Il se dirige vers la gauche. Heureusement les voici qui viennent.

BALBINA.

Nous sommes perdus!

ANGÉLO.

Nous sommes sauvés. Silence! suivez-moi.

Ils contournent le tombeau et vont se réfugier au fond à droite, derrière une colonne, de manière à n'être pas vus. — Pendant ce temps, tous les conjurés, quelques-uns portant des flambeaux, entrent, suivis de Rafaël donnant la main à Eléna.

SCÈNE III.

LES CONJURÉS, portant des torches; RAFAEL, ÉLÉNA, PIÉTRO, LÉONI, GALÉOTI.

RAFAEL, tenant Eléna par la main; parlant à la cantonade au prêtre qui vient de les unir.

Merci, vénérable Pasteur! merci! L'œuvre que vous venez d'accomplir est une œuvre sainte. Purifié par vos prières, mon esprit voit l'avenir : Chiaramonte! prêtre philosophe! pour le bonheur de l'humanité, vous quitterez votre thébaïbe, vous serez évêque d'Imola, et, un jour, sur votre front sacré, brillera la triple couronne! Tout le monde s'avance sur le milieu de la scène. Et à vous aussi, mes fidèles, merci! Vous pourrez, en toutes circonstances et en tous lieux, déclarer que Rafaël Galvani et Éléna d'Altomonte sont à jamais unis par la sainteté d'un lien que la mort seule peut rompre! Et maintenant, à l'œuvre! Voyez d'abord si les approches de cette retraite sont libres et si aucun danger ne nous menace.

Tous sortent par différentes issues.

SCÈNE IV.

RAFAEL, ÉLÉNA.

RAFAEL.

A moi, mon Éléna!

ÉLÉNA.

A moi, mon Rafaël!

RAFAEL.

Viens dans mes bras! sur mon cœur! Il la baise au front.

ÉLÉNA.

Ami!

RAFAEL.

Es-tu un peu rassurée?

ÉLÉNA.

Que craindrais-je avec toi?

RAFAEL.

Tu es encore toute tremblante.

ÉLÉNA.

Je l'avoue: lorsque je me suis trouvée au milieu de cette foule inattendue de tes amis, j'ai vu sur leurs visages et sur le tien une pâleur sinistre qui m'a effrayée.

RAFAEL.

Enfant, c'était l'effet tout naturel des lueurs phosphorescentes de la grotte, mêlées à la clarté de nos flambeaux.

ÉLÉNA.

Maintenant, je n'ai plus peur.

RAFAEL.

Quel immense horizon de félicités s'ouvre devant moi!

ÉLÉNA.

Que je suis heureuse et fière de t'appartenir!

RAFAEL.

Je te le jure, Éléna, ton père lui-même partagera bientôt ta joie et ton orgueil.

ÉLÉNA.

Tu ne connais pas mon père.

RAFAEL.

Tu ne connais pas ton époux!

ÉLÉNA, *étonnée.*

Mais tu es le bon Rafael, le fils du vertueux Galvani.

RAFAEL.

Porte plus haut tes regards. Grâce au Ciel, j'ai pu m'élever jusqu'à toi, sans t'obliger à trop descendre. Oui, sois fière de partager la destinée d'un des maîtres de l'Italie!

ÉLÉNA.

Que dis-tu, Rafaël?

RAFAEL.

Je dis que si le comte Stéfano, auquel on voulait te vendre, est, dans ce pays, l'agent suprême des intérêts de la servitude, j'y suis, moi, le représentant des espérances de la liberté! Toi, qui maintenant es la moitié de moi-même, qui es l'âme de ma vie, apprends tout : apprends qu'une vaste conspiration couvre l'Italie entière, depuis les Alpes jusqu'aux Abbruzes. Tous ceux qui supportent avec impatience le joug de l'étranger sont unis par un lien mystérieux et travaillent, sans se connaître, à l'affranchissement de la patrie. Toutes les affiliations de la Romagne m'obéissent : je commande à vingt chefs dont chacun transmet, à son tour, mes ordres à vingt chefs subalternes. C'est ici même, la nuit, que je réunis mes hommes. Tu viens de les voir. Eh bien, nous touchons aux moments suprêmes : les armées libératrices de la France nous appellent au partage de la victoire. Jusqu'ici, nous avons marché vers notre but par des voies souterraines ; aujourd'hui nous allons combattre et triompher à la clarté du soleil.

ÉLÉNA.

Oh ! que je m'associe de grand cœur à tes glorieux périls. Tu as bien fait de me prendre pour femme ; tu verras que, dans la rude carrière que tu as choisie, ta compagne ne bronchera pas.

RAFAEL.

Et déjà voici un dur sacrifice : il faut nous quitter.

SCÈNE V.

LES MÊMES, PIÉTRO.

PIÉTRO, accourant tout effaré.

Trahis !

RAFAEL.

Qu'est-ce ? Parle.

PIÉTRO.

Deux espions qu'on vient d'arrêter ici, tout près, cachés dans un ravin.

RAFAEL.

Où sont-ils ?

PIÉTRO.

On les amène. Voyez l'astuce : les deux brigands se sont déguisés, l'un en moine, l'autre en femme. Les voici. Une escouade de conjurés amène les deux prisonniers.

RAFAEL.

Mais, c'est frère Angélo !

ÉLÉNA.

C'est Balbina !

SCÈNE VI.

LES MÊMES, ANGÊLO, BALBINA, QUELQUES CONJURÉS.

ANGÉLO, les bras croisés sur la poitrine.

Béni soit le Seigneur qui a guidé nos pas! voici l'enfant prodigue retrouvé.

RAFAEL.

A part. Hypocrite! Haut. Vous arrivez trop tard, Angélo : tout est fini ; vous m'aviez promis, avec Balbina, plus d'exactitude.

ÉLÉNA, à Balbina.

Quoi, vous étiez dans le secret ?

BALBINA, hésitant.

Il paraît, signora, que j'étais dans le secret.

RAFAEL.

Du moins, Balbina, vous arrivez à temps pour retourner avec ma femme, votre maîtresse, à l'hôtel du podestat. Vous serez accompagnées de nos amis Léoni et Bertram. Deux braves cavaliers vous suivront jusqu'au jardin du palais et reviendront en toute hâte. Vous, signora, mon cheval vous attend; je lui confie mon intrépide Clélie.

Toi, Piétro, tu vas rejoindre ton vieux maître et ne reviendras pas.

PIÉTRO, à part.

Dieu m'en garde.

RAFAEL, bas à Piétro.

Tu ne conviens pas à notre œuvre.

PIÉTRO, à part.

J'en suis fier! *Lui remettant la bêche.* Je vous rends les armes.

ANGÉLO, se disposant à sortir.

Soyez tranquille, seigneur Rafaël, nous répondons du dépôt précieux que...

RAFAEL.

Angélo, restez! Nous aurons, ici, besoin de vous. Allons, mes amis! *Prenant la main d'Eléna.* Au revoir, Eléna.

ÉLÉNA.

Au revoir, Rafaël! *A demi-voix.* Fais bien les affaires de notre chère Italie.

SCÈNE VII.

RAFAEL, ANGÉLO, QUELQUES CONJURÉS.

ANGÉLO.

Mais permettez, seigneur Galvani...

RAFAEL.

Silence! Vous êtes ici dans le séjour du commandement et de l'obéissance; et c'est moi qui commande. *Il fait signe aux conjurés présents de s'éloigner.* Je ne veux pas connaître le motif infâme ou honteux qui vous amène ici; mais, quel qu'il soit, c'est votre mauvais génie qui a dirigé vos pas vers ce lieu redoutable! il vous suffit d'y avoir mis le pied; vous ne vous appartenez plus. Prenez cette bêche; et là, tout près, vous allez creuser une fosse...

ANGÉLO, épouvanté.

Mais, monseigneur...

RAFAEL.

Pas un mot de plus, ou cette fosse sera la vôtre!

SCÈNE VIII.

RAFAEL, LES CONJURÉS, au fond de la scène ; ils arrivent successivement.

RAFAEL, seul sur le devant la scène.

Non, ce n'est pas la trahison qui l'a conduit ici. L'hypocrite s'est fourvoyé dans les sentiers d'un autre crime. O honte! voilà où nous en sommes. Regardant du côté de la grotte. L'homme loyal et vraiment saint exhale dans la retraite sa prière dédaignée du monde, et le monde accueille le docteur sensuel qui prêche l'intolérance et pratique le déshonneur! Ah, nous les chasserons tous ces vendeurs du temple! Une heure sonne à l'horloge voisine. Voici l'heure!

SCÈNE IX.

RAFAEL, GALÉOTI, TOUS LES AUTRES CONJURÉS.

RAFAEL, appelant.

Galéoti!

GALÉOTI.

Commandant.

RAFAEL, à demi-voix.

J'ai placé près d'ici un nouveau frère... suspect; ayez soin qu'on ne le perde pas de vue.

GALÉOTI.

C'est fait. Il travaille comme un mercenaire.

RAFAEL.

Il travaille pour l'éternité. Haut. Mes amis! Nous allons avoir à délibérer sur une affaire grave. Montrant le tombeau en ruines. Qu'on apporte ici l'urne au scrutin et le règlement. A Galéoti. Tout le monde est-il présent?

GALÉOTI.

Tous, excepté, lisant son calepin, Bertram... Léoni...

RAFAEL.

Ils vont rentrer.

GALÉOTI.

Et Stéfano.

RAFAEL.

Il viendra, n'en doutez pas.

PLUSIEURS VOIX.

Le voici!

SCÈNE X.

LES MÊMES, STÉFANO, enveloppé dans un large manteau.

STÉFANO, à part.

Quelles étaient donc ces deux femmes qui semblaient fuir dans l'ombre, accompagnées de deux cavaliers?...

STÉNIO, lui prenant la main.

Soyez le bienvenu, seigneur comte!

STÉFANO.

Merci, bon Sténio. *A part, avec dédain.* Mon bottier!

UN AUTRE CONJURÉ, *à Sténio.*

Te moques-tu des gens? Il n'y a point ici de seigneur comte; il n'y a que des frères. N'est-il pas vrai, Stéfano? *Il lui donne une vigoureuse poignée de main.*

STÉFANO, *souriant.*

Comment donc! *A part.* Le brutal!

UN CONJURÉ, *à Rafaël.*

Commandant, je regrette de ne vous avoir pas trouvé au logis ce matin : je vous aurais proposé d'ajourner cette réunion.

RAFAEL.

Pourquoi?

LE CONJURÉ.

Je crains que nous n'ayons été mal informés : Mantoue n'est pas encore prise; un voyageur qui en arrive m'assure, au contraire, que l'armée autrichienne a reçu de puissants renforts et que les Français sont bloqués.

UN AUTRE CONJURÉ.

Je ne sais; mais, toute la journée, le vent qui vient de ce côté nous a apporté le bruit lointain d'une vive canonnade.

RAFAEL.

Qu'en pense notre fidèle Stéfano?

STÉFANO.

Je pense que toutes ces craintes sont chimériques et que l'heure est venue de lever l'étendard de la révolte.

TOUS LES CONJURÉS.

Oui! oui! plus de délais! marchons! A bas, à bas les oppresseurs de l'Italie!

STÉFANO, à Rafaël.

Vous êtes le chef de l'insurrection; c'est à vous d'assigner à chacun de nous le poste qu'il doit occuper. Nous vous avons juré obéissance : nous avons droit de compter sur votre courage et sur votre résolution.

RAFAEL.

Vous verrez bientôt que vous n'avez pas eu tort d'y compter. Quant à la bonne nouvelle qui nous réunit ici, qu'elle soit vraie ou fausse, nous n'en devons pas moins nous préparer à agir en gens déterminés. Vous savez que, dans l'intérêt de tous, je me suis éloigné pour quelques jours de Bologne. Dans cette excursion, j'ai eu l'honneur insigne d'avoir une entrevue avec le général en chef de l'armée française. Mouvement de curiosité.

GALÉOTI.

Quoi! vous avez vu ce fameux Bonaparte? Est-il au niveau de sa renommée?

RAFAEL.

N'en doutons pas : c'est un homme marqué du doigt de Dieu. C'est le génie de la guerre; c'est la personnification de ces grands principes de liberté si indignement défigurés par des fous et par des traîtres. Je vous le dis en vérité, cet homme porte en lui toute la civilisation moderne! Si vous saviez quels magnifiques projets il médite pour la résurrection de notre patrie adorée... Tous se rapprochent avec intérêt.

STÉFANO.

Il est pourtant fâcheux que nous en soyons réduits à attendre notre affranchissement d'un soldat étranger.

RAFAEL.

Etranger! Ignorez-vous donc que notre sang coule dans ses veines? qu'il est né dans cette île italienne où les

Romains n'ont jamais pu trouver à acheter un esclave?

STÉFANO.

Eh bien, continuez, Rafaël; nous sommes avides de connaître les sublimes plans de régénération qu'a enfantés le génie de cet homme; parlez.

RAFAEL.

Plus tard : avant de nous occuper de ces grands intérêts, nous avons à régler entre nous une affaire de famille...

Léoni et Bertram rentrent.

RAFAEL, aux arrivants.

Je ne vous attendais pas sitôt.

LÉONI, à Rafaël, à demi-voix.

La signora est en sûreté chez elle.

RAFAEL.

Bas. Merci. Haut. N'avez-vous fait aucunes rencontres suspectes sur la route?

BERTRAM.

Nous n'avons rencontré qu'un mauvais présage.

LÉONI.

Moi, je n'y vois qu'un prodige : nous revenions au galop de nos chevaux; l'atmosphère était brûlante et l'obscurité sillonnée de fréquents éclairs. Voilà que mon cheval frissonne et s'emporte; moi-même, partageant son effroi, je lâche les rênes et me laisse aller à sa course désespérée. Tout à coup, de ses deux oreilles dressées, je vois s'élancer deux flammes...

BERTRAM.

Je les ai vues.

LÉONI.

Deux flammes qui nous ont accompagnés jusqu'ici (12).

Certes, si l'enfer a des cavaliers, nous devions leur ressembler.

UN CONJURÉ.

Ceci ne nous annonce rien de bon.

RAFAEL.

Mon père serait heureux, bon Léoni, de t'entendre conter cette aventure : ce n'est qu'un phénomène d'électricité, bien facile à expliquer. Même chose est arrivée à César : une nuit, il vit des flammes semblables jaillir de la lance de ses légionnaires; c'était la veille d'une bataille, qu'il gagna : saluons donc cet heureux présage.

BERTRAM.

A la bonne heure.

RAFAEL.

Maintenant, mes amis, que nous sommes tous réunis, veillez bien à ce que personne n'entre ici; ni surtout, n'en sorte. Mes amis, apprenez une mauvaise nouvelle : nous avons un traître parmi nous. Étonnement général.

PLUSIEURS CONJURÉS.

Un traître! Qui est-il? son nom.

RAFAEL.

Silence! Le règlement que nous avons tous signé de notre sang prescrit la marche que nous devons suivre... Prenez-le, Galéoti, et lisez l'article 13.

GALÉOTI, prend le règlement et lit.

« Art. 13. Si, parmi les conjurés, il s'en trouve un qui « soit accusé et convaincu de trahison, il sera jugé et con« damné en assemblée générale, et sur-le-champ mis à « mort par le poignard... »

RAFAEL.

Continuez.

GALÉOTI.

« Art. 14. Avant de faire connaître le nom du coupable, « on tirera au sort le nom de celui des membres qui aura « l'honneur de le frapper. »

RAFAEL.

Tous les noms sont-ils dans l'urne?

GALÉOTI.

Tous.

RAFAEL.

Quel est le plus jeune d'entre nous?

UN CONJURÉ.

Moi!

RAFAEL.

Tirez un nom. *Le jeune conjuré tire un papier plié et le remet à Rafaël, qui prononce à haute voix : Stéfano! Il passe le billet aux conjurés, qui le lisent. A Stéfano.* Avez-vous votre poignard?

STÉFANO.

Il ne me quitte jamais.

On s'approche de lui avec intérêt.

RAFAEL.

Vous êtes bien pâle.

STÉFANO, *avec émotion.*

Que voulez-vous de moi? un acte de barbarie!

RAFAEL.

Un acte d'expiation! seigneur comte d'Arona.

STÉFANO.

Je n'ai pas le courage du meurtre.

RAFAEL.

Il ne vous faut que le courage du suicide.

STÉFANO, *avec épouvante.*

Que dites-vous?

Tout le monde s'éloigne de lui.

RAFAEL.

Je dis que c'est vous qui êtes le traître qui ne sortira pas vivant d'ici.

STÉFANO.

Moi!

RAFAEL.

Vous qui avez menti, en vous donnant comme Italien et qui ne l'êtes pas; vous, qui ne pourriez nommer ni votre patrie, ni votre père. Aventurier déloyal qui, depuis un an, venez nous voler nos secrets pour les vendre à nos oppresseurs; osez le nier.

STÉFANO.

Mes amis, n'en croyez rien; le seigneur Rafaël veut se venger d'un rival. Je vous dirai le motif de cette indigne accusation sans preuves.

RAFAEL.

Sans preuves! Montrant la lettre de créance. Reconnaissez-vous ce diplôme d'infamie, qui vous accrédite comme commissaire général autrichien auprès du Conseil de Bologne.

STÉFANO, atterré.

Stupide podestat qui m'a vendu!

LES CONJURÉS.

Honte! Infamie! Qu'il meure! A bas le traître! A la mort!... Tous lèvent le poignard sur lui.

STÉFANO, les repoussant.

Arrière! Voudriez-vous aussi pouvoir m'accuser de lâcheté? C'est à moi de frapper, c'est mon droit. Félicitez-vous plutôt que le sort, en me désignant, vous ait épargné un crime.

UN CONJURÉ.

Eh bien, faites vite.

UN AUTRE CONJURÉ.

Il n'osera pas.

STÉFANO, à part.

Horrible! horrible! Personne ne viendra-t-il?

UN CONJURÉ.

Allons, brave traître, à l'œuvre!

UN AUTRE CONJURÉ.

Tu trembles, frère Judas.

STÉFANO, à part.

Oh! une heure encore, mon Dieu!

BERTRAM.

As-tu peur de mourir?

LÉONI.

Dépêche, nous sommes las d'attendre.

GALÉOTI.

Finissez-en.

STÉFANO, tirant son poignard.

Je suis prêt; mais me laisserez-vous partir comme un païen? Je veux un prêtre.

RAFAEL.

C'est juste. *A Galéoti, désignant Angélo.* Faites venir notre nouveau compagnon. *Galéoti s'éloigne vers le fond, à droite.* Que tout le monde se retire. *Les conjurés se groupent vers la gauche.*

STÉFANO, à Rafaël.

Merci, je ne demande que la faveur de quelques minutes pour me recueillir... *A part.* et donner aux miens le temps d'arriver.

Angélo entre les yeux baissés et les mains croisées sur la poitrine.

RAFAEL, à Angélo.

Frère, cet homme va mourir, il désire vous parler.

écoutez sa prière. Puissiez-vous obtenir son pardon du maître des miséricordes !

Angélo et Stéfano passent à droite : tous les conjurés à gauche. Le tombeau les sépare.

STÉFANO, surpris.

Frère Angélo !

Ils se parlent à demi-voix.

ANGÉLO.

Vous, monseigneur ! Qui vous a amené dans cette caverne ?

STÉFANO.

Et vous ?

ANGÉLO.

Un hasard funeste : ma mauvaise étoile.

STÉFANO.

On nous observe : faites comme si vous receviez les aveux d'un pénitent.

ANGÉLO.

A genoux, donc.

Angélo s'assied sur un des débris du tombeau. Stéfano met un genou en terre.

STÉFANO.

A tout prix, gagnons du temps. Que faisiez-vous ici ?

ANGÉLO.

Ils me forçaient de creuser une tombe.

STÉFANO.

Pour moi, sans doute ?

ANGÉLO

Je l'ignorais.

STÉFANO.

Est-il bientôt deux heures de la nuit ?

ANGÉLO.

Bientôt. Agitation parmi les conjurés. Ecoutons. Ils écoutent, en feignant de parler.

RAFAEL.

Voyons, Léoni, qu'y a-t-il?

LÉONI.

On dit qu'on a aperçu quelques hommes rôder près d'ici.

STÉFANO, avec joie.

Ah!

RAFAEL.

Il faut redoubler de surveillance.

BERTRAM, venant du dehors.

Commandant, je viens de voir comme des armes qui brillent de loin dans les prairies.

RAFAEL.

Vous vous trompez : ce sont des faucheurs qui se préparent aux travaux du jour.

STÉFANO, avec joie, à part.

Oh! oui, de rudes faucheurs!

GALÉOTI.

Il faut éclaircir cela. A Stéfano. Voyons, ici; n'en finirez-vous pas?

ANGÉLO.

Encore quelques minutes.

On entend sonner deux heures.

STÉFANO, se levant brusquement.

Non, c'est debout et à haute voix que je veux achever ma confession. Oui, je m'accuse d'avoir trempé avec vous dans une conspiration monstrueuse, qui ne marche à son but que dans l'ombre et par des voies de sang. Oui, grands réformateurs de l'humanité, je vous ai trahis, encore aujourd'hui même, car la nouvelle qui vous a rassemblés vient de moi; elle est fausse : vos ennemis triomphent, et vous n'êtes tous que de misérables écervelés, dévoués à une perte certaine, à moins que moi, qui vous trahis, je ne vienne à votre secours. Oui, je suis l'envoyé secret du Conseil aulique ! le vicaire impérial tout-puissant dans cette contrée ; reconnaissez votre maître ! *Il jette son manteau et paraît sous l'uniforme d'un chef militaire.* A moi, soldats de l'Allemagne ? *Il tire un coup de pistolet.* A moi, dominateurs de l'Italie ! *Quelques coups de feu partent du dehors; l'église est envahie de tous côtés par la troupe. Les conjurés se sauvent dans le plus grand désordre, et sont pris.* Soldats ! point de violence ! point de sang ! tout le monde aux prisons.

RAFAEL, *demeurant seul immobile sur la scène. A Stéfano.*

Je ne verrai pas ton insolent triomphe. *Il veut se poignarder.*

STÉFANO.

Qu'on le désarme ! *On lui arrache son arme des mains. — Au commandant.* Capitaine, celui-là, vous le ferez conduire au palais du gouvernement. *Le capitaine lui remet le poignard de Rafaël.* Merci ! *A demi-voix.* Des égards, une surveillance sévère.

On emmène les prisonniers. Stéfano et Angélo restent seuls sur le devant de la scène.

STÉFANO, *lisant sur la lame du poignard.*

« Vivre libre ou mourir. » Ni l'un ni l'autre, glorieux Rafaël.

ANGÉLO.

Vous avez été beau comme l'archange Michel terrassant le démon. Mais, monseigneur, quelle imprudente générosité !... Lorsque lui-même... de ses propres mains...

STÉFANO.

Non, non, il faut qu'il vive. Quelqu'un me payera sa rançon. Suivez-moi.

Il sort.

ANGÉLO, *seul.*

Il faut qu'il meure... il m'a deviné !

ACTE IV.

Une salle du palais du gouvernement. — A gauche, les appartements du commissaire impérial; à droite, une pièce servant de prison; au fond, une galerie conduisant au tribunal.

SCÈNE I.

GALVANI, LE PODESTAT, UN GARDIEN.

GALVANI, au gardien.

Dites-moi, mon ami; puis-je voir votre prisonnier ? C'est moi qui suis son père, je suis le docteur Galvani.

LE GARDIEN.

Avez-vous une permission ?

GALVANI.

Non, mon ami; mais voici M. le podestat qui m'accompagne, et dont la présence doit suffire.

LE GARDIEN.

Vous seriez le pape, que vous n'obtiendriez rien sans un ordre écrit du commissaire impérial, le seigneur Stéfano.

LE PODESTAT.

Je vous le disais bien, mon cher docteur, je ne suis plus

rien. Le pouvoir régulier est suspendu dans Bologne ; nous sommes en état de siége, et l'envoyé de l'Autriche commande ici en maître absolu.

GALVANI.

En sommes-nous là, mon Dieu, que nous n'ayons d'espoir que dans la clémence de l'étranger !

LE PODESTAT.

Cela est dur, j'en conviens ; mais, je vous le répète, vous n'avez rien de sérieux à craindre pour votre écervelé. Le comte est bon et généreux ; il aura égard aux prières d'un homme qui est mon ami.

GALVANI.

Malheureux enfant ! Se jeter dans une telle affaire !

LE PODESTAT.

Et déjà, voyez : on l'a séparé de la tourbe de ses complices ; par considération pour vous, on le garde honorablement dans ce palais.

GALVANI.

N'est-ce pas une cruelle ironie de la fortune ? Depuis vingt-cinq ans je porte à la fois, dans mon cœur, un amour sans bornes pour mon fils ; et, dans ma tête, une pensée immense qui me dévore ; et quand je touche au terme de mes longues recherches, voilà que l'objet de toute ma tendresse, que mon enfant se perd ! Au moment où l'esprit triomphe, le cœur est brisé ! Oui, mon bon seigneur ; tout était préparé dans mon amphithéâtre pour une expérience glorieuse où je voulais convier toute la noble cité de Bologne, et c'est au spectacle de ma honte que Bologne assistera ! O mon fils ! mon fils ! *Il pleure.*

LE PODESTAT, *pleurant aussi.*

Si c'est là le courage que vous lui apportez... Allons, mon ami, il faut se faire une raison, et ne pas se mettre chimères dans la tête. Une Commission vient d'être nommée; après tout, nos juges sont nos concitoyens; ils vous connaissent et vous estiment; ils auront égard à la jeunesse de votre Rafaël. Et puis, nous verrons le comte [illegible] tout; ma fille, au besoin, le verra aussi; [illegible] ne sauriez vous imaginer avec quelle ardeur elle [illegible] de cette affaire : c'est elle, la première, ce matin, [illegible] tout appris. Oh! je vous assure qu'elle vous aime [illegible]. Jamais je ne l'ai vue si exaltée, si caressante; [illegible] s'est jetée à mes pieds : « Il faut le sauver! s'est-elle [illegible]; faites comme s'il s'agissait de votre fils; comme si [illegible] qui le menace était suspendue sur la tête de votre [illegible] »

GALVANI.

[illegible] du ciel!

LE PODESTAT.

Oh! ce sera une femme, mon Eléna. Son émotion m'a [illegible]blé au point que j'en ai pleuré comme un enfant; mais [illegible] ne pleurait pas, elle. *Sept personnages en longues robes rouges [illegible] lentement la galerie du fond; un homme, embusqué sur leur passage, leur remet à chacun une note, et s'esquive. Au gardien.* Quels sont ces gens en robes de juges?

LE GARDIEN.

C'est le tribunal extraordinaire nommé par le commissaire impérial. Ils doivent prononcer sur le sort des conjurés aujourd'hui même.

LE PODESTAT.

Quelle hâte! Savez-vous leurs noms?

LE GARDIEN.

Ce sont presque tous des membres du tribunal de la sainte Inquisition.

GALVANI.

Tant mieux !

LE PODESTAT.

Tant pis! A part. Mieux vaudrait une commission militaire. Haut. Nous n'avons pas une minute à perdre ; il faut voir le comte. Venez, docteur, venez. Ils se disposent à sortir.

GALVANI, revenant sur ses pas. Il donne sa bourse au gardien.

Tenez, mon ami, ayez bien soin de lui ; dites-lui que son père est venu et reviendra ; qu'il l'engage à être prudent, et à avoir bon courage.

LE GARDIEN.

Bah ! il n'a pas l'air d'y songer. Il a dormi cette nuit comme une marmotte.

Angélo entre, se dirigeant vers l'appartement du comte.

SCÈNE II.

GALVANI, LE PODESTAT, ANGÉLO.

LE PODESTAT, arrêtant Angélo.

Un mot, frère : connaissez-vous les hommes en robes rouges qui viennent de passer ?

ANGÉLO.

Pas un, mon bon seigneur. A part. C'est moi qui les ai désignés.

LE PODESTAT.

Où pourrons-nous trouver le comte Stéfano ?

ANGÉLO.

Il doit être en ce moment à l'hôtel de Votre Seigneurie. A part. Il est ici.

LE PODESTAT.

Merci. A Galvani. Allons vite.

Ils sortent.

SCÈNE III.

ANGÉLO. Il tient deux lettres à la main.

ANGÉLO, seul.

Il n'est pas bon que ces gens-là voient le comte ; leurs intrigues entraveraient notre justice. La journée sera rude : jamais la belle ville de Bologne ne fut plus agitée ; ce sont mille cris confus pour et contre ; les bruits les plus contradictoires y apportent tantôt la joie, tantôt la consternation. Ce qu'il y a d'incompréhensible, c'est que les mauvaises nouvelles y sont mieux accueillies que les autres... Angélo, mon fils, prends garde à toi. Ceci peut devenir grave... Il lit un des billets. « Venez de suite au palais, je vous y attends... Le comte Stéfano. » M'y voici. Il lit un autre billet. « Mon révérend, je désire vous parler aujourd'hui ; trouvez-vous à quatre heures au palais du gouvernement... Éléna d'Altomonte. » Elle ; je conçois son inquiétude.

SCÈNE IV.

ANGÉLO, STÉFANO, en grand uniforme, suivi de gardes.

STÉFANO.

Frère, l'heure fatale approche ; nos juges sont à l'œuvre. C'est à vous que j'ai confié le choix de ces hommes. Puis-je bien réellement compter sur leur inflexible... justice ?

ANGÉLO.

Je réponds d'eux comme de moi.

STÉFANO.

Vous comprenez combien il importe que l'anarchie soit frappée au cœur, et que ces misérables brouillons disparaissent pour toujours.

ANGÉLO.

J'ai parlé dans ce sens.

STÉFANO.

Il y va de la sûreté de l'Etat.

ANGÉLO.

Et de la gloire de la sainte cause.

STÉFANO.

Surtout, point de pitié pour cet insolent Rafaël ! Vous savez combien il me gêne.

ANGÉLO, à part.

Et moi donc! *Haut, souriant.* On dit que son père ressuscite les .....; voilà une belle occasion de...

STÉFANO.

Ne parlons pas de cela : je suis superstitieux.

ANGÉLO.

Monseigneur, lorsque l'affaire sera terminée, vous n'oublierez pas que j'ai pris, à l'égard de chacun de nos incorruptibles, certains petits arrangements.

STÉFANO.

Sur ce point, je vous ai recommandé d'être prudent. *Il lit une liste portant le nom des juges.* Ils sont sept. Qu'avez-vous promis au seigneur Hiéronimo?

ANGÉLO.

Il est de mes amis; c'est un homme pieux, s'occupant saintement d'industrie : je lui ai promis le privilége des pompes funèbres.

STÉFANO,

Il l'aura. Au comte Bonifacio?

ANGÉLO.

L'ordre de la Toison-d'Or.

STÉFANO.

Seulement!

ANGÉLO.

Sa vanité modeste s'en contente.

STÉFANO.

Et au frère Bernardo?

ANGÉLO.

Celui-là est plus ambitieux : il veut un évêché.

STÉFANO.

Cela vous regarde.

ANGÉLO.

Oui, j'arrangerai l'affaire à Rome: quelque siége *in partibus* sur les bords de l'Eurotas ou du Scamandre.

STÉFANO.

Que veut le prieur des frères mendiants?

ANGÉLO.

Le premier bénéfice vacant dans la marche d'Ancône.

STÉFANO.

Et le major comte Turpinio?

ANGÉLO.

Un régiment.

STÉFANO.

Vous avez promis un régiment?

ANGÉLO.

J'ai bien promis un chapeau de cardinal au coadjuteur président de la Commission.

STÉFANO.

C'est beaucoup s'avancer.

ANGÉLO.

Il fallait, à tout prix, obtenir une solution satisfaisante.

Au reste, j'ai pensé que si notre bonne volonté à leur égard se trouvait en défaut, ce ne sont pas eux qui viendraient réclamer le prix de leur sévère impartialité.

STÉFANO.

Oh! vous pensez à tout. J'ai donné ordre que des soldats se tinssent tout prêts dans l'arrière-cour du palais.

ANGÉLO.

Ils y sont.

STÉFANO.

Car il faut que le jugement soit exécuté sur-le-champ.

ANGÉLO.

L'état des esprits l'exige.

STÉFANO.

Mais une idée me tourmente. Eléna va me prendre en horreur.

ANGÉLO.

Cela est à craindre.

STÉFANO.

Que deviendront mes grands projets de fortune?

ANGÉLO.

J'y ai songé : peut-être y aurait-il un biais à prendre : on va venir se jeter à vos genoux, prier, pleurer. Accordez la grâce.

STÉFANO.

Jamais!

ANGÉLO.

Si, monseigneur : vous accorderez la grâce; mais il sera trop tard.

STÉFANO.

Homme admirable!

Eléna entre. Stéfano et Angélo se disposent à sortir.

SCÈNE V.

STÉFANO, ÉLÉNA, ANGÉLO.

ÉLÉNA, à Stéfano.

Demeurez, monsieur le comte, c'est vous que je viens chercher.

STÉFANO.

Moi! signora.

ÉLÉNA, à Angélo.

Demeurez aussi, Angélo; je vous ai prié de vous trouver ici pour m'accompagner auprès de monsieur le commissaire impérial.

STÉFANO.

Quelle heureuse inspiration, belle Eléna, vous fait désirer ma présence?

ÉLÉNA.

On dit que l'autorité de mon père est effacée par la vôtre; que vous commandez en souverain dans ce palais, où se trouve prisonnier le fils du vénérable Galvani, l'ami de notre maison.

STÉFANO.

Je ne puis rien pour lui; son sort est, dans ce moment, entre les mains de juges probes et libres.

ÉLÉNA.

Je le sais : vous les avez choisis avec l'aide du révérend; aussi, avons-nous confiance dans leur justice, comme dans votre impartialité. Je me borne, monsieur le comte, à réclamer la faveur d'apporter au captif quelques paroles de consolation et d'encouragement.

STÉFANO, s'oubliant.

Vous me demandez cela, à moi !

ÉLÉNA.

A qui le demanderais-je, puisque vous êtes le seul qui puissiez faire ouvrir cette porte ?

STÉFANO.

Vous avez bien fait, belle signora, de compter sur ma générosité : je vous remercie d'avoir pensé qu'il n'est sacrifice au monde que je ne fasse pour vous. Vous allez voir le fils de votre vénérable ami ; dites-lui que les événements de cette nuit n'ont en rien altéré l'affection que je lui porte.

ÉLÉNA.

Oh! il n'en doutera pas plus que moi.

STÉFANO.

Demandez au révérend : nous avisions... ensemble ici aux moyens d'amener ses juges à des sentiments d'indulgence. Angélo s'incline en signe d'adhésion. Retournez auprès d'eux, mon bon Angélo, et, s'il est temps encore, faites-leur comprendre qu'un arrêt sévère me comblerait de douleur. Angélo sort. A Eléna, avec une demi-familiarité. Savez-vous Eléna, que je porte envie au sort de mon captif?... Eléna le regarde avec fierté. Daignerez-vous vous souvenir que j'aurai aussi, moi, une prière à vous adresser ?

ÉLÉNA.

L'avenir vous apprendra que je n'oublie jamais rien.

STÉFANO, au gardien.

Faites venir le seigneur Galvani.

ÉLÉNA, à demi-voix

Je vais donc le revoir !

STÉFANO.

Je veux ajouter encore au service que j'ai le bonheur de vous rendre : je me retire. *Au gardien, en sortant, à demi-voix.* J'accorde dix minutes.

Il sort par la droite.

SCÈNE VI.

ÉLÉNA, RAFAEL, LE GARDIEN.

LE GARDIEN. *A demi-voix, à Rafaël.*

Vous avez dix minutes. *Il regarde sa montre et se retire.*

RAFAEL.

Vous ici, mon Eléna ! Vous ! *Il lui baise les mains.*

ÉLÉNA.

Et qui donc y attendais-tu, si ce n'est ta femme?

RAFAEL.

Oh ! ne prononcez pas ce mot ! vainqueur, il eût été ma joie et mon orgueil ; vaincu, il est mon désespoir. La fortune en me trahissant a tout rompu. Je vous en conjure, Eléna, oubliez cette nuit fatale ; tout ce qu'elle a produit est désavoué du Ciel. Demeurez libre, et laissez-moi mourir.

ÉLÉNA.

Crois-tu, mon Rafaël, que le malheur t'ait amoindri à mes yeux ? Va, tu as fait ton devoir de conspirer pour l'indépendance de ton pays, et le diadème d'un roi triomphant siérait moins à ton front que la couronne des martyrs.

RAFAEL.

Par pitié, laisse-moi le courage dont j'ai besoin ; car il ne faut pas nous faire d'illusions : je suis perdu, mon Eléna.

ÉLÉNA.

Peut-être.

RAFAEL.

Ni l'estime publique dont jouit mon père, ni l'autorité du tien, ne prévaudront contre la décision d'un tribunal infâme, vendu à notre ennemi.

ÉLÉNA.

Qui sait !

RAFAEL.

Tu ne les connais pas ces hommes, moins fanatiques encore que cupides.

ÉLÉNA.

Moins cupides encore que peureux. Chacun d'eux a maintenant entre les mains une menace terrible. Malheur à eux s'ils font tomber un seul cheveu de ta tête!

RAFAEL.

Ils se riront de cette menace.

ÉLÉNA.

Non, car la ville est pleine de tumulte; la garnison suffit à peine à retenir l'insurrection prête à éclater. Ce sont tes amis Léoni, Bertram et Galéoti, qui dirigent tous ces mouvements.

RAFAEL.

Comment! Que dis-tu là? Ne sont-ils donc pas prisonniers comme moi!

ÉLÉNA.

Ils ont pu s'échapper et reconquérir leur liberté, pour travailler à la tienne.

RAFAEL.

Oh! merci, bien-aimée, merci; voilà une glorieuse nouvelle!

ÉLÉNA.

Tu vois bien, ami, qu'il ne faut pas perdre courage.

RAFAEL.

Du courage! si j'en manquais, j'en puiserais maintenant, mon héroïque, et dans le feu de tes regards et dans la fierté de ta parole. Oh! non, jamais tu ne me semblas si belle et, faut-il le dire, si regrettable! Te quitter! te perdre! oh! c'est une idée affreuse, horrible!

ÉLÉNA.

Cela n'est pas bien, Rafaël : où laissez-vous aller votre pensée?

RAFAEL.

Lorsque nous touchons aux moments suprêmes de la vie, il se fait entendre en nous une voix plus forte que la raison. Il me semble, ô mon Eléna! que je te vois, que je te parle, que je t'embrasse pour la dernière fois. Il l'embrasse. Est-ce que ton cœur ne t'a rien dit de sinistre comme le mien?

ÉLÉNA.

Il m'a parlé aussi, et j'ai agi en conséquence : si une raison forte doit s'élever au-dessus des pressentiments, il faut aussi en tenir compte, car ils sont quelquefois un avertissement du Ciel. J'ai donc prévu le cas où tes juges manqueraient de lâcheté. Eh bien, ami, sais-tu ce que nous ferions : nous nous rappellerions un trait de notre vieille histoire, un trait qui nous faisait pleurer d'admiration; tu te souviens : Aria, qui tire de son sein un fer libérateur et le présente à son époux, disant : « Prends, « cela ne fait pas de mal. » Est-ce que nous ne valons pas nos aïeux!

On entend une grande rumeur au dehors.

LE GARDIEN, accourant.

Rentrez, seigneur, l'heure est passée.

RAFAEL.

Quel est ce bruit?

LE GARDIEN.

Je l'ignore; la place est pleine de monde. Peut-être est-ce la sentence qui est prononcée. Rentrez, vous dis-je, si monseigneur vous trouvait ici, je serais perdu.

Rafaël serre la main à Eléna et rentre dans la prison.

SCÈNE VII.

Les mêmes, PIÉTRO.

PIÉTRO, accourant.

Victoire! victoire! vous êtes condamné... Ne voyant pas Rafaël. Où est-il donc? A Eléna. Oui, signora, condamné à un an d'exil! une misérable année! Tous les autres renvoyés.

ÉLÉNA, détachant son bracelet.

Tiens, tiens, mon bon Piétro, voilà pour ta bonne nouvelle.

PIÉTRO.

Entendez-vous? tout le monde est dans la joie : la ville entière sera illuminée ce soir, à moins que l'orage qui s'avance ne vienne souffler dessus. A demi-voix. C'est moi qui ai remis les petits billets à ces bons messieurs; il paraît qu'ils ont fait effet, les petits billets. Une drôle de mine à voir est celle du seigneur Stéfano : je viens de le laisser là avec votre père et mon bon vieux maître.

ÉLÉNA.

As-tu entendu dire si on nous exile bien loin?

PIÉTRO.

A Pavie, à deux pas d'ici, jolie petite ville du bon Dieu, bâtie au soleil. Nous avons là des amis; par exemple, le docteur Volta, le premier physicien de l'Italie, après mon maître, qui s'occupe, comme nous, de porter le flambeau de l'expérience dans les ténèbres de l'électricité...

ÉLÉNA, souriant.

Tu es savant, Piétro.

PIÉTRO.

On a quelques teintures...

SCÈNE VIII.

LES MÊMES, GALVANI, STÉFANO, LE PODESTAT.

GALVANI, à Stéfano.

En vérité, monsieur le comte, je ne sais en quels termes vous exprimer ma gratitude.

STÉFANO, avec effort.

Vous me voyez moi-même enchanté de la tournure qu'a prise cette affaire.

LE PODESDAT.

Ces bons juges ont su deviner vos bienveillantes intentions.

STÉFANO.

Vous vous trompez, mes bons amis : si en tout ceci quelqu'un a exercé une heureuse influence, c'est la signora.

PIÉTRO, à part.

Tiens! il sait donc l'histoire des bulletins?

STÉFANO, avec intention.

J'attache un grand prix, belle Eléna, à ce que vous en soyez persuadée.

ÉLÉNA.

J'en suis convaincue. A part. Ses regards me poignardent.

GALVANI, à Stéfano.

Mon bon seigneur, puis-je voir notre écervelé? je voudrais l'embrasser un peu, et surtout le gronder bien fort, car on a été trop indulgent...

STÉFANO.

Non, mon cher docteur : il est tard, le palais devrait déjà être fermé; demain vous gronderez notre ami Rafaël tout à votre aise, avant son départ.

GALVANI.

Comment! son départ!

STÉFANO.

Ne vous alarmez pas. Si le calme, un peu troublé, se rétablit dans la ville, nous pourrons retarder de quelques jours ce départ; sinon, la prudence...

Angélo entre.

SCÈNE IX.

LES MÊMES, ANGÉLO.

STÉFANO, à Angélo, à demi-voix.

Ah! c'est vous, l'homme habile. Qu'y a-t-il?

ANGÉLO, lui remettant un billet.

Lisez : Note de police. Au podestat. Un courrier vient d'arriver en toute hâte à l'hôtel de Votre Seigneurie; il s'agit de nouvelles de la plus grande importance.

LE PODESTAT.

Ah ! ah ! A Stéfano. Nous prenons congé de vous, monseigneur. Viens, ma fille. Il lui donne le bras.

GALVANI, au podestat.

N'oubliez pas la grande séance de demain, à mon amphithéâtre.

ÉLÉNA, sortant, porte un regard douloureux vers la droite.

Rafaël ! adieu !

Le podestat et sa fille sortent.

GALVANI, à Stéfano.

Je compte aussi sur vous, monsieur le comte ; après les stériles agitations de la politique, les utiles travaux de la science. A demain donc ; je viendrai de bonne heure voir mon Rafaël.

STÉFANO, froissant le papier qu'il a lu.

Vous allez le voir de suite ; demain, il sera parti. Au gardien. Ouvrez. A part. Ah ! les bandits ! ils veulent me l'enlever et lui faire ovation ! A Angélo. Vous savez ce que contient le message si pressé envoyé au podestat.

ANGÉLO.

Je le sais.

STÉFANO.

Entrons. Ils sortent par la gauche.

PIÉTRO.

Je m'en vais préparer des lampions. Il sort par le fond.

SCÈNE X.

GALVANI, RAFAEL.

RAFAEL, se jetant dans les bras de Galvani.

Mon père !

GALVANI, après plusieurs embrassements muets.

M'as-tu fait malheureux !

RAFAEL, avec anxiété.

Eh bien, quelles nouvelles m'apportez-vous ?

GALVANI.

Comment, tu ne sais pas encore ?... Ah ! c'est une cruauté !... mais tu es sauvé, mon Rafaël !

RAFAEL.

Et mes amis?

GALVANI.

Tous libres !.... Rafaël pâlit, et s'appuie sur le bras de son père. Qu'as-tu donc ?

RAFAEL.

Je m'étais armé pour un autre combat; et le courage, dont je n'ai plus besoin, me manque. Quoi ! tous libres?

GALVANI.

Tous ! excepté toi : tu es condamné à un an d'exil à Pavie. Admire l'indulgence de la fortune, qui t'envoie dans une ville pleine de nos amis : là, tu trouveras un autre père, le bon Volta ([14]).

RAFAEL.

Qui s'occupe, comme vous, de travaux sur l'électricité?

GALVANI.

Oui, mais dans un autre ordre d'idées : Volta cherche à multiplier la force mécanique du fluide; moi, j'aspire à constater son pouvoir vital. Il l'obtient, en chimiste, de la décomposition des métaux ; moi, je vais le puiser, en physicien, dans les grands réservoirs de la nature. Il arrivera peut-être avant moi, parce qu'il vise moins haut. Son école pourra produire des merveilles; la mienne, des miracles!

RAFAEL.

Je connais un maître en électricité plus fort que vous, mon père, et que le docteur Volta.

GALVANI.

Qui donc?

RAFAEL.

Un homme que j'ai vu de près il y a quelque jours; un homme petit, chétif, qui commande à cent mille soldats; cette armée est sans argent, sans souliers, sans pain. Eh bien! cet homme suffit à électriser ce grand corps débile; d'un seul mot, d'un seul regard, il donne à tout cela la vie, l'enthousiasme, la victoire!

GALVANI.

Oh! que je suis fier de t'entendre parler ainsi! Tu as deviné, toi, vrai sang de Galvani que tu es, tu as deviné que la puissance prodigieuse de ce Bonaparte n'est que de l'électricité dans ses effets les plus sublimes ([15]). Oh! mon Rafaël, si tu avais voulu suivre mes conseils, tu n'aurais jamais quitté les calmes régions de la science, pour te jeter dans cet enfer qu'on appelle la politique; tu aurais suivi mes travaux, et, moi mort, tu aurais continué l'œuvre glorieuse que je laisserai peut-être inachevée.

RAFAEL.

Mais, mon père, n'y a-t-il pas de la gloire aussi à se dévouer à la liberté de son pays?

GALVANI.

Gloire! liberté! grands mots vides comme des éponges; si on les presse, il n'en sort que des larmes, du fiel et du sang. Avant cette domination étrangère qu'on veut renverser, est-ce que l'Italie n'a pas joui de cette liberté que tu rêves? Qu'en a-t-elle fait? Vingt misérables petites républiques haineuses s'entre-dévorant; vingt nids de vipères! voilà notre histoire. Tu parles de gloire; dis-moi, parmi tous ces noms de chefs de factions, de réformateurs, d'hommes de guerre, qui ont fait tant de bruit dans nos révolutions, en est-il un seul qui ose se comparer au grand nom de Galilée?

RAFAEL.

Cela est vrai.

GALVANI.

Vois quel jeu de dupe tu jouais : tu es un cœur honnête, tu veux sincèrement la prospérité publique, et tu te poses avec courage en chef de parti. Qu'arrive-t-il? Tout naturellement les ambitieux, les mécontents, les misérables, les corrompus et les flétris se joignent à toi et t'entraînent vers des abîmes que tu n'avais pas vus. Oh! laisse là toutes ces dangereuses folies. Reviens, cher enfant prodigue, dans la maison de ton père.

RAFAEL.

Mais si tout le monde se fait savant, qui donc défendra les intérêts publics?

GALVANI.

Si tout le monde se fait savant, les intérêts publics n'auront pas besoin d'être défendus. Car, mon fils, tout mal vient d'ignorance. *On entend le tonnerre qui commence à gronder dans le lointain.* Ecoute ; voilà le ciel qui me prête sa voix pour t'instruire. Oh ! je voudrais que toutes les nations fussent ici présentes pour recueillir les paroles que tu vas entendre ! Retiens-les bien, mon fils, afin de les transmettre comme une semence féconde à ceux qui viendront après nous pour lever la récolte. Oui, c'est dans le ciel que sont écrites les lois qui doivent régner sur la terre [15]. Ces nuages chargés de deux électricités contraires, qui viennent de s'entrechoquer et de se déchirer à grand bruit, sont l'image de nos sociétés obéissant à deux fluides électriques opposés : l'autorité, la liberté. Jusqu'à ce jour, là-haut et ici, il y a eu guerre entre ces deux forces aveugles, dont chacune se croit intéressée à la destruction de l'autre, et les esprits à courte vue ont dit : « Il en sera toujours ainsi, tant qu'il y aura des nuages et tant qu'il y aura des hommes. » Erreur. Cet état de lutte n'est que passager, et déjà un de ces génies précurseurs de l'avenir, un inventeur, vient de nous indiquer le moyen d'abolir les orages : il lui a suffi de porter la pointe de sa longue épée dans les flancs du nuage, et la foudre a été désarmée. Voilà un fait bien simple ; que les hommes le généralisent, il n'y aura plus sur notre globe ni tonnerres ni batailles. Et maintenant quel sera le penseur qui nous enseignera à mettre fin aux déchirements politiques, aux dévastations sociales ? Quel sera le Franklin qui viendra détrôner la guerre ? Ce sera celui qui portera ses regards bien au-dessus des nuages, dans ces vastes espaces où se meuvent tous les grands corps célestes ; car il y verra que là aussi, sous les noms d'attraction et de répulsion, règnent, mais dans une parfaite harmonie, ces deux grandes forces qui chez nous, depuis Caïn, se livrent tant de combats. Il comprendra que c'est à la terre, création d'hier, à imiter le ciel, œuvre éternelle! Le jour, mon fils, doit commencer à se faire dans ton esprit: n'entrevois-tu pas que tous les malheurs de l'humanité viennent d'un malentendu, de ce stupide duel à mort entre deux puissances nécessaires l'une à l'autre, destinées à s'entr'aider et non à se détruire? Après soixante siècles de luttes insensées, n'est-il pas temps que la science intervienne, et, brûlant tous les drapeaux, crie aux amis de la liberté : Obéissance et respect au pouvoir! et aux possesseurs du pouvoir : Amour et protection à la liberté! Voilà donc la loi sociale trouvée; gloire immortelle à l'envoyé de Dieu, qui viendra lui donner la forme et la vie! Eh bien, mon Rafaël, comprends-tu?

RAFAEL.

O mon père! que ne vous ai-je entendu plus tôt! Le voile qui couvrait mes yeux est tombé, et vos saintes paroles ont porté dans mon âme la lumière et la joie. Je vous le jure : si je vous survis, je les répandrai pour féconder l'avenir; si je meurs avant vous, je les reporterai au sein du Seigneur, qui vous les a inspirées. Il tonne plus fort. Mais l'orage approche. Hâtez-vous, mon père, de retourner à votre demeure. Embrassez-moi. Ils s'embrassent. Voici le comte Stéfano; il me semble que je le hais moins. Il rentre dans sa prison.

GALVANI, à part.

Tous les hommes seraient bons, s'ils étaient éclairés.

Il sort.

SCÈNE XI.

STÉFANO, ANGÉLO, LE GARDIEN.

ANGÉLO, au gardien qui ferme la porte sur Rafaël.

Mon ami, vous pouvez vous retirer : une surveillance active n'est plus nécessaire ici ; les gens du palais y suffiront. Monseigneur récompensera votre zèle. Le gardien laisse la clef à la porte et se retire.

STÉFANO.

Qu'est-ce à dire, Angélo, voulez-vous lui rendre tout à fait la liberté ?

ANGÉLO.

C'est vous, monsieur le comte, que je veux faire libre ; il est bon que vous restiez maître absolu du terrain.

STÉFANO.

Que vous êtes aujourd'hui un messager de malheur ! Est-il vrai, mon Dieu, que nos vieilles armées d'Autriche aient été mises en déroute par ces bandes républicaines ?

ANGÉLO.

Le Dieu infernal des batailles dirige en personne ces hordes de forcenés ; on dit que cette affaire de Mantoue tient véritablement du prodige... Il est à craindre que si nos plénipotentiaires réunis à Tolentino veulent garder l'Italie, ils ne soient forcés à de grands sacrifices sur les bords du Rhin.

STÉFANO.

Pourvu que nous conservions le Milanais et Bologne, que nous importe le reste !... Mais si l'Empire n'a pour se sauver que des amis comme les vôtres... les lâches !

ANGÉLO.

Il y a eu intimidation, n'en doutez pas.

STÉFANO.

Et notre proie nous échappe !

ANGÉLO.

N'est-elle pas encore entre nos mains ?

STÉFANO.

Qu'importe, puisque la loi nous l'arrache ?

ANGÉLO.

Oh ! la loi, la loi...

STÉFANO.

Seriez-vous homme à recommencer la lutte ?

ANGÉLO.

Je cherchais pieusement s'il n'y aurait pas quelque biais à neutraliser l'effet de ce jugement inique.

STÉFANO.

Et vous n'avez rien trouvé ?

ANGÉLO, tirant un poignard de dessous sa robe.

Voici l'arme qui lui a été arrachée des mains et dont il voulait se frapper. Lisant sur la lame. *Rafaël Galvani.* Elle est bien à lui. *Vivre libre ou mourir!* C'est le serment de ces fanatiques. Or, il est prisonnier et banni ; il n'est plus libre. J'ai pensé que si cette arme lui était remise furtivement, comme par une main amie, il pourrait se faire que par fausse gloire ou courage...

STÉFANO.

Je comprends, — donnez. Il saisit l'arme avidement. A part. Infernal génie ! Haut. Frère, l'idée est bonne, mais elle est infâme !

ANGÉLO.

Lorsqu'on marche vers un but, tout ce qui nous y mène, c'est le *bien ;* tout ce qui nous en détourne, c'est le *mal !*

STÉFANO, hésitant.

Jamais, en effet, suicide ne serait venu plus à propos... Mais non, décidément, j'aime mieux qu'il parte et me laisse le champ libre.

ANGÉLO.

C'est plus chevaleresque, mais moins sûr. — Dans l'œuvre d'ambition que vous poursuivez, vous n'avez pour vous que le podestat ; or, les événements sont incertains, et, s'il arrive que le génie français l'emporte, n'est-il pas à craindre que le marquis d'Altomonte, toujours le partisan du succès, ne se range sous le drapeau victorieux du jeune conspirateur qui, après tout, est son gendre?

STÉFANO.

Son gendre ! quel gendre ? que voulez-vous dire ?

ANGÉLO.

Quoi, l'ignoriez-vous? ne vous ai-je pas dit que, depuis hier, le jeune Galvani et Éléna se sont mariés?

STÉFANO.

Vous êtes fou !

ANGÉLO.

Bien que le mariage ait été célébré clandestinement et qu'il puisse être cassé, il n'en est pas moins réel.

STÉFANO.

Que parlez-vous de mariage clandestin? d'Eléna? de Rafaël ! Il le secoue vivement. Si c'est là une hallucination ; réveillez-vous, frère ! car vos paroles me tuent.

ANGÉLO.

Il n'y a point ici d'hallucination : si, l'autre nuit, vous

étiez arrivé au rendez-vous une heure plus tôt, vous auriez vu les deux amants aux pieds du prêtre, qui appelait sur eux, en présence de vingt témoins, les bénédictions du Ciel.

STÉFANO.

Que la foudre t'écrase ! moine odieux, qui viens si tranquillement m'annoncer ma ruine. Mariés ! mariés !

ANGÉLO.

Calmez-vous, frère.

STÉFANO.

Oh ! misérable dupe !

ANGÉLO.

C'est trop écouter les passions humaines ; — vous voilà pâle comme la mort.

STÉFANO.

A la bonne heure, parlez-moi de mort ! Vous me jurez, Angélo, que ce n'est pas un vain bruit, comme il s'en répand dans une ville en tumulte ; vous me jurez que vous avez bien vu s'accomplir ce mariage sacrilége ?

ANGÉLO.

Je le jure sur l'Evangile.

STÉFANO.

Eh bien, partez ; je n'ai plus besoin de vous. — Fuyez, quittez Bologne.

ANGÉLO.

J'y songeais, monsieur le comte ; mais il n'est pas temps encore. Si ma présence à Bologne devient un danger, non pour moi, ver de terre, mais pour l'Ordre auquel j'ai le bonheur d'appartenir, je partirai. Jusque-là, souffrez, monseigneur, que je veille sur les intérêts communs qui nous lient. Une difficulté de détail vous arrête en ce moment, je vous ai indiqué le moyen de la faire disparaître. Que le Ciel vous inspire ! *Il sort avec humilité.*

STÉFANO, *resté seul.*

Ah ! tu crois que je vais m'en rapporter à une vengeance de hasard. Je vois clair maintenant dans mon désastre ; c'est ici que doit s'accomplir ma destinée ! Compagnon de malheur, tu pars, et moi je reste ! *Il s'avance le poignard à la main vers la porte de droite ; au moment où il va l'ouvrir, un violent coup de tonnerre se fait entendre. Stéfano tressaille, recule et s'arrête immobile...* Attendons !

ACTE V.

Ecole d'anatomie. — Salle d'honneur attenante à l'amphithéâtre. — Riche architecture. — Statues et bustes de médecins et de savants célèbres. — Au fond, entrée principale; à gauche, l'amphithéâtre dont on voit l'intérieur. — A gauche, table chargée d'instruments électriques, la machine, des siéges, etc.

SCÈNE I.

GALVANI, PIÉTRO, QUELQUES DISCIPLES.

Quelques-uns des élèves de Galvani s'occupent à mettre tout en place dans la salle et dans l'amphithéâtre.

GALVANI, montrant l'amphithéâtre.

Tout est-il disposé là-dedans comme je l'ai dit, Piétro?

PIÉTRO.

Oui, maître : vos disciples achèvent de tout mettre en ordre, pour recevoir vos invités.

GALVANI.

Y aura-t-il place pour tout le monde?

PIÉTRO.

N'ayez crainte : vous aurez plus de vide que de plein.

GALVANI, avec humeur.

Pourquoi cela, seigneur docteur?

PIÉTRO.

C'est que toute la ville est sens dessus dessous. Avec mystère. Il est arrivé de grandes nouvelles, cette nuit; on dit...

GALVANI.

Tais-toi! vas-tu encore me parler politique? Maintenant que mon fils est hors de cette bagarre et en sûreté, je ne veux plus entendre parler de rien.

PIÉTRO.

Cependant...

GALVANI.

Silence! je te défends d'ouvrir la bouche sur ces choses stupides. Soyons tout à notre besogne. Il faut que notre auditoire s'en retourne rempli d'admiration; car, voyez-vous, mes enfants, je suis maintenant à peu près sûr de mon fait. (A Piétro.) Sais-tu pourquoi, l'autre jour, nous n'avons réussi qu'imparfaitement? pourquoi notre mort n'est ressuscité qu'à moitié?

PIÉTRO.

C'est qu'apparemment il était mort tout à fait.

GALVANI.

C'est que nous avons manqué de fluide sympathique. C'est que tu y a mis, toi, du mauvais vouloir. Tu t'es laissé effrayer comme un sot, et tu as fui comme un poltron; sans cela, à l'heure qu'il est, ce pauvre diable serait à ta place.

PIÉTRO.

Et moi à la sienne.

GALVANI.

Qu'importe! c'est une question d'enveloppe.

PIÉTRO.

Mais j'y tiens, à mon enveloppe.

GALVANI, à ses disciples.

Considérez bien que nous portons en nous, outre l'esprit vital qui nous anime, plusieurs autres fluides plus subtils qui agissent sur toutes nos facultés ; le plus énergique est le fluide amoureux. Qu'on me donne deux amants ; que l'un d'eux meure, je le rappelle immédiatement à la vie par le simple attouchement de l'autre, sous l'action opportune du courant électrique. Il n'y a qu'un danger : c'est que la commotion ne soit trop vive et ne les foudroie tous deux. Voilà ce que je vais leur développer aujourd'hui, et leur prouver, je l'espère. (A Piétro.) Qu'en dis-tu, docteur?

PIÉTRO.

Je dis, maître, que, si vous ne réussissez pas, vous passerez pour un fou.

GALVANI.

Et si je réussis?

PIÉTRO.

Pour un sorcier. On vous brûlera.

Les élèves, qui étaient occupés dans l'amphithéâtre et sur la scène, se groupent autour de Galvani.

UN DISCIPLE.

Tout est fini, maître.

UN AUTRE DISCIPLE.

Votre monde peut arriver, nous l'attendons de pied ferme.

GALVANI.

Merci, mes amis. Souvenez-vous de ce que je vous dis : chacun de vous se glorifiera d'avoir travaillé avec moi au triomphe de la grande journée qui se prépare! Tout ce que la savante Bologne renferme d'hommes éminents va entendre des paroles qui feront du bruit dans la postérité! Pour la première fois nous allons lancer dans le monde cet axiome scientifique : *l'Electricité, c'est le mouvement ; c'est la lumière; c'est la vie!* Et nous le prouverons. La vie? C'est là le texte de la grande séance d'aujourd'hui. Quant au mouvement; vous le savez; le voici : Il interpose entre la machine et un plateau de métal un léger globe d'or, qui est attiré et repoussé avec violence. La lumière? nous la produirons ainsi : voici un fil conducteur que j'ai imaginé pour cela; il est composé de verre et de métal alterné, afin que le fluide interrompu dans sa marche se manifeste par des flammes [13]. Le fil, tenu par un élève, est mis en contact avec la machine et s'illumine. Mes enfants, comprenez-vous l'avenir de ce fil lumineux? il abolira la nuit. L'art futur en couvrira, sous mille formes savantes, les parois de nos demeures, de nos temples, de nos villes. Qui empêche de supposer ces réseaux de lumière alimentés par de fortes machines mises en jeu par les grandes forces de la nature? En vérité, je vous le dis : La fée Électre bâtira pour nos descendants des palais plus merveilleux que ceux des contes arabes. Remarquez encore que l'électricité, lumière invisible, parcourant les fils conducteurs avec une vitesse de quatre millions de lieues à la minute; un jour viendra où toutes les villes du globe communiqueront les unes aux autres au moyen de ces fils et pourront s'entreparler comme nous le faisons ici. Un jour viendra où l'électricité, comme un docile et puissant courrier, s'atellera à vos chars sur les routes; à vos navires, sur les eaux; à vos aérostats, dans les airs! Oh! croyez-moi, mes amis; que les hommes de science marchent, et avant quelque cent ans, il fera bon vivre sur cette planète [14]. Qu'as-tu donc, Piétro? Qui est-ce qui te préoccupe?

PIÉTRO.

N'entendez-vous pas ces rumeurs des rues... Je vous le disais bien, il y a des nouvelles; trois courriers sont arrivés cette nuit chez le podestat... Tiens, quand on en parle du podestat, on en voit la... robe.

SCÈNE II.

LES MÊMES, LE PODESTAT ET SA SUITE.

Le podestat est en habit de cérémonie; deux assesseurs et quelques hommes de garde le suivent.

LE PODESTAT.

On me disait, docteur, que je trouverais ici le seigneur Rafaël, votre glorieux fils.

GALVANI.

Comment, monseigneur, c'est dans cet appareil magistral que vous vous rendez à l'invitation du pauvre professeur?

LE PODESTAT.

Ne croyez pas, mon honorable ami, que ce soit...

GALVANI.

Je vous en remercie, au nom de la science.

LE PODESTAT.

Détrompez-vous, docteur, je viens...

GALVANI.

Au reste, la science se montrera digne aujourd'hui de cette haute distinction.

LE PODESTAT.

Je vous le répète, mon ami, je venais...

GALVANI.

Pour voir des merveilles; eh bien, vous en verrez.

LE PODESTAT.

Des merveilles ! mais c'est moi qui vous en apporte ; j'en ai plein les mains. La paix est faite ; voici le traité signé à Tolentino par le Pape. L'armée française, partout victorieuse, occupe toute la Romagne ; dans une heure, une division de cette glorieuse armée va faire son entrée dans Bologne.

GALVANI.

Dieu du ciel ! que m'apprenez-vous !

LE PODESTAT.

Le comte Stéfano, le commissaire impérial, quitte son commandement ; moi, je reste podestat. Mais savez-vous qui remplace, au nom de la République française, le seigneur Stéfano ? C'est notre cher prisonnier, le généreux Rafaël Galvani, rendu à la liberté et à la gloire !

GALVANI.

Tout cela est un rêve !

LE PODESTAT.

Mais ce qui va bien plus vous surprendre, c'est que votre fils et ma fille... Voici notre pauvre ami Stéfano.

SCÈNE III.

LES MÊMES, STÉFANO ET SA SUITE.

STÉFANO, très-pâle.

Je présente mes hommages à l'illustre docteur Galvani. J'espérais voir auprès de lui son noble fils, le seigneur Rafaël.

GALVANI.

Nous l'attendons, monseigneur.

LE PODESTAT.

Ses amis sont allés le prendre à sa roche tarpéienne pour l'amener au Capitole.

STÉFANO.

J'ai ordre de mon gouvernement de remettre entre ses mains l'autorité que j'exerçais sur cette belle contrée. Recevez mes félicitations, cher docteur; je m'honorerai toujours d'être l'ami de votre Rafaël, d'un homme qui porte sur son front l'auréole d'une triple célébrité: comme fils d'un des princes de la science; *Regardant le podestat.* comme l'allié d'une illustre maison; comme le représentant d'un grand peuple!

LE PODESTAT, *bas à Galvani.*

Il prend la chose en galant homme. *On entend quelques coups de canon.* Voici les Français qui annoncent leur arrivée.

STÉFANO, *avec rage. A part.*

Que l'enfer les dévore!

PLUSIEURS VOIX.

Vive Rafaël Galvani! Vive l'Italie! Vive la France!

SCÈNE V.

LES MÊMES, ANGÉLO.

ANGÉLO, *les mains croisées sur la poitrine, s'avance lentement vers Galvani.*

Puisse le Ciel donner au vertueux Galvani la force de m'entendre!

GALVANI, *tremblant.*

Qu'y a-t-il, Angélo! vous me faites peur; quel malheur m'apportez-vous?

ANGÉLO.

Docteur, vous n'avez plus de fils.

GALVANI.

Mon fils est mort !

ANGÉLO.

Suicidé, dans sa prison.

GALVANI.

Miséricorde !

ANGÉLO, bas à Stéfano.

Prenez garde ; vous êtes bien pâle.

LE PODESTAT, soutenant Galvani.

Mon ami !

STÉFANO, avec une fausse pitié.

Mais, Angélo, êtes-vous bien sûr qu'il se soit frappé lui-même ?

GALVANI.

Mon fils ! mon fils !

ANGÉLO.

Hélas ! il aura manqué de confiance dans le zèle de ses amis.

PLUSIEURS VOIX.

Place ! place ! le voici !

SCÈNE V.

LES MÊMES, RAFAEL, mort, porté sur une civière. — GALÉOTI, COMPAGNONS DE RAFAEL, PEUPLE.

La civière est ornée de drapeaux et de couronnes.

LE PEUPLE.

Vengeance ! vengeance ! ils l'ont assassiné !

GALVANI.

Oh ! mon fils ! mon cher Rafaël !

On le place sur un fauteuil.

STÉFANO, bas à Angélo.

Angélo, ne me quittez pas.

GALÉOTI, à Galvani.

Docteur, voilà ce que les fureurs politiques ont fait de votre fils ! Mes amis et moi nous étions allés le prendre à sa prison, pour qu'il vînt à notre tête à la rencontre des armées libératrices ; mais nous l'avons trouvé baigné dans son sang ; un violent coup de stylet lui a été porté près du cœur !

GALVANI.

Mon Dieu ! mon Dieu ! Il l'examine avec un grand trouble.

STÉFANO.

C'est un bien déplorable événement. — N'a-t-on pas trouvé dans sa main l'arme dont il s'est frappé ?

GALÉOTI.

Comment savez-vous cela, monsieur ? vous n'étiez pas avec nous.

STÉFANO.

Mais...

ANGÉLO, vivement.

J'en avais informé Sa Seigneurie.

STÉFANO.

Le suicide n'est que trop évident.

GALÉOTI.

Non, monsieur ; il y a eu assassinat : le meurtrier, dans son trouble, a placé l'arme dans la main gauche de sa victime.

STÉFANO.

Vous vous trompez certainement.

GALÉOTI, le regardant avec soupçon.

Vous savez bien des choses, monsieur.

GALVANI.

Froid ! froid partout ! plus rien, mon Dieu ! Vois, Piétro, vois ton cher maître : mort ! tout à fait mort !

PIÉTRO.

Eh bien, qu'est-ce que cela nous fait à nous qu'il soit mort ? Est-ce qu'on meurt ici ! Allons, maître, à l'œuvre...

GALVANI, se frappant le front.

Oh ! je suis fou, je perds la tête ! Il ne faut pas qu'il reste mort. *A haute voix.* Messieurs, ne sortez pas ; mon fils n'est pas mort. *A Piétro.* Étends le tapis de soie. Rassurez-vous, messieurs ! que tout le monde ait confiance.

STÉFANO, stupéfait.

Que veut dire ceci ?

PIÉTRO, à Stéfano.

Ne vous désolez pas, mon bon seigneur ; nous allons vous rendre votre ami ; nous allons le ressusciter.

STÉFANO, tremblant.

Le ressusciter !... Angélo ?

ANGÉLO.

Quelque maléfice...

GALVANI.

Bien, tout est bien ainsi ; mais mon Dieu, où trouver, où prendre le fluide sympathique ? qui le transmettra ? Vous, Galéoti ; vous êtes son ami, son ami intime.

GALÉOTI.

Oh ! oui, son ami ; mais, vous le savez, maître, je n'ai pas la foi, et sans la foi...

GALVANI.

Rien.

GALÉOTI.

Mais vous-même, docteur, son père !

GALVANI.

Vous avez raison. Mais, hélas! l'âge a épuisé en moi le fluide de la vie. N'importe, le temps presse... Voyons, dussé-je lui donner tout ce qui m'en reste. *Il se place sur le tapis et prend la chaîne conductrice. A Piétro.* Charge la bouteille.

On entend des cris au dehors.

LE PODESTAT.

Ma fille! ma fille!

GALVANI.

C'est le Ciel qui nous l'envoie!

SCÈNE VI.

LES MÊMES, ÉLÉNA.

ÉLÉNA.

Où est-il? Rafaël! où est-il?

LE PODESTAT.

Eléna!

GALVANI, *à Eléna.*

Mon enfant!

STÉFANO.

Madame!

ÉLÉNA, *se retournant vivement vers Stéfano.*

Vous ici! Ah! mon mari est mort!

GALVANI.

Non, ma fille, il n'est pas mort; regarde; il sommeille; il n'attend plus que toi pour s'éveiller. Aie bon courage, mon enfant; approche; prends sa main dans la tienne; de l'autre main tiens ce fil sauveur; fixe tes regards sur ses yeux fermés; crois en moi, et commande à ta vie de passer dans son corps. Et vous tous, silence! Priez le Seigneur Dieu qu'il soit avec nous. *Il prend la bouteille de Leyde et* l'approche lentement de l'autre extrémité du fil conducteur. Tout le monde observe avec anxiété. Stéfano est au supplice. Souverain maître du monde! pardonne une tentative qui peut-être est un sacrilége!

ÉLÉNA.

Ah! Elle a un genou en terre. Rafaël éprouve de légères convulsions, qui deviennent de plus en plus fréquentes et fortes. Il ouvre ses yeux hagards et se dresse sur son séant. Rafaël! cher époux! regarde-moi!... Rafaël fixe ses yeux sur Eléna, pousse un cri guttural et porte sa main à sa blessure. Oui, c'est moi, moi qui te parle, ta femme. Réponds-moi, Rafaël! dis-moi qui t'a frappé si lâchement? Quel est ton meurtrier? Regarde, n'est-il pas ici? Stéfano veut se dérober, Galéoti le retient par le bras et l'oblige à rester en place.

RAFAEL promène autour de lui son regard effaré, se dresse lentement debout et, reconnaissant Stéfano, l'indique du doigt et s'écrie d'une voix sourde : Lui! lui! Puis il retombe sur son siége*.

GALÉOTI, le saisissant au collet.

Voici l'assassin! C'est lui, messieurs, c'est lui!

PLUSIEURS VOIX.

Abomination! vengeance! justice! à mort! fusillé! fusillé! La foule se jette sur Stéfano et l'entraîne en tumulte. Cependant Galvani et le podestat restent auprès de leurs enfants.

ANGÉLO, à part.

Il est bon que Rome sache ce qui se passe ici. Il s'esquive.

GALVANI, penché sur Rafaël.

La pâleur revient sur son front; son regard se ternit, ses yeux se ferment... Que faire? mon Dieu! Et toi, chère fille? Oh! comme elle pâlit aussi. Mon enfant, qu'éprouves-tu?

ÉLÉNA, à genoux, s'affaiblissant.

Sa main presse la mienne.

---

* Pour le jeu de physionomie, lire la note n° 10, concernant Aldini.

GALVANI.

Est-elle froide encore?

ÉLÉNA, s'affaiblissant de plus en plus.

Silence! sa main me parle... Il m'appelle à lui.

LE PODESTAT, soutenant Eléna.

Que ressens-tu donc, mon Eléna?

ÉLÉNA.

Je sens ma vie qui s'écoule par sa blessure. Ne pleurez pas... *Avec exaltation.* J'entrevois le ciel, où son âme entraîne la mienne... Mon père... adieu! *Elle tombe inanimée sur les genoux de Rafaël.*

LE PODESTAT, éclatant en sanglots.

Ma fille! mon enfant!

GALVANI, immobile et sombre.

Morts! morts tous les deux!

Il saisit convulsivement la bouteille de Leyde qu'il avait posée sur une table.

LE PODESTAT.

Abominable politique, qui nous tue nos enfants!

GALVANI.

Sois maudite, science des hommes, tu n'es qu'orgueil et vanité! *Il jette à terre et brise la bouteille de Leyde.*

On entend une fusillade derrière la scène.

VARIANTE DU DÉNOUMENT.

Si le drame qu'on vient de lire était admis à la représentation sur un de nos théâtres, voici quelle modification nous proposons d'apporter au dénoûment.

La dernière scène se poursuit presque jusqu'à la fin comme on vient de le voir. Galvani, désespéré de l'insuccès de sa tentative, brise ses appareils. Mais Eléna ne meurt pas, et au lieu de sentir, comme elle le dit, sa vie s'écouler par la blessure de son mari, elle résiste, et soutenue par sa puissante organisation, elle demeure debout et, immobile, semblable à la statue de la Douleur. — Au lieu de la fusillade qui annonce le châtiment de Stéfano, on entend le bruit lointain du canon de notre armée qui s'avance, et le chant de l'hymne célèbre qui, dans ce temps, guidait nos soldats à la victoire.

A ce bruit, qui se rapproche de plus en plus, Eléna sort de sa stupeur, s'anime peu à peu et s'enflamme. — Elle saisit vivement un des drapeaux du trophée, et entonne, d'une voix sourde et pénétrante, l'hymne sublime où se manifeste toute l'énergie de son âme. (Tout Paris se rappelle l'effet prodigieux de cette mélopée, lorsque notre grande tragédienne la faisait entendre, il y a quelques années, sur notre premier théâtre.) Il est bien entendu que les paroles seraient changées et appropriées aux circonstances. — Sous l'influence de cette électricité patriotique, Rafaël revient à la vie. — Les premières paroles qu'il prononce : *Où est Stéfano? — Ici près, qui attend le châtiment de son crime. — Il est vaincu : qu'on lui pardonne! — Vive l'Italie! Gloire à la France!*

C'est ainsi à peu près que finirait le drame ; ce dénoûment nous semble préférable à l'autre, parce qu'il est plus conforme au caractère de l'héroïque Eléna, et qu'il ne laisse pas le spectateur sous l'influence d'une impression pénible.

NOTES

FORMANT UN ABRÉGÉ

DE

L'HISTOIRE DE L'ÉLECTRICITÉ.

NOTES.

NOTE 1.

« **ÉLECTRICITÉ** vient d'*électron*, mot grec qui signifie *ambre* « *jaune*. On sait que cette substance a la singulière propriété d'attirer « les objets légers, lorsqu'elle est échauffée par le frottement » (ACTE I, SCÈNE II).

C'est là à peu près tout ce que l'antiquité nous a transmis au sujet de l'électricité. Il est certain cependant que ce curieux phénomène préoccupait vivement les esprits et donnait fort à penser à leurs naturalistes, lesquels, comme on sait, étaient plus portés, dans leurs recherches, à invoquer l'imagination que la raison. La connaissance du fait semble cependant remonter assez haut : la fille d'Agamemnon se nommait Electre, comme qui dirait *attrayante*. Il est très-remarquable qu'une de leurs nombreuses sectes de philosophes professait cette opinion que la matière des corps célestes était composée d'*électron*, et qu'il y avait entre les astres *amitiés* et *inimitiés*. Qu'en pensez-vous? n'y aurait-il pas quelque analogie entre cette doctrine et la grande théorie de Newton? Quant à nous, malgré notre vive admiration pour les calculs touchant les lois d'*attraction* et de *répulsion*, nous déclarons franchement que nous nous sentons porté à leur préférer la poétique invention des amitiés et des inimitiés célestes. — Mais, à propos, n'est-ce pas de là que nous viendraient toutes ces merveilleuses histoires de la mythologie?

Note 2.

« Ce fut Guerrick de Magdebourg qui inventa, en 1647, les premières « machines électriques » (Acte I, scène II).

GUERRICK (Otton de), né, en 1602, à Magdebourg, fut le meilleur physicien et l'inventeur le plus fécond de son temps. On peut le considérer comme le père de la science électrique ; avant lui, on ne connaissait que le peu qui nous a été transmis de l'antiquité sur la propriété attractive de l'ambre et des résines soumises au frottement. Frappé de ce singulier phénomène, qu'on ne regardait que comme une curiosité sans importance, Guerrick eut la pensée de construire de grosses sphères de résine munies d'axes et de manivelles ; tournées vivement contre un tampon d'étoffes de laine, ces sphères s'électrisaient, et rendaient, au contact, de fortes étincelles. Ainsi furent inventées les machines électriques dont la forme varia à l'infini, et qui, en peu de temps, se répandirent sur toute l'Europe.

On doit aussi à Guerrick la machine pneumatique, les hémisphères dites de Magdebourg, une balance à peser l'air, etc. L'astronomie fut également l'objet de ses méditations et de ses recherches ; il a le premier annoncé la périodicité des comètes.

Cet homme de génie, dont les créations ont eu une si grande influence sur les progrès de la science, est mort à Hambourg, en 1686, à l'âge de quatre-vingt-quatre ans.

Note 3.

« On doit à Dufay, savant français, la découverte des deux électri- « cités contraires » (Acte I, scène II).

DUFAY (Charles-François de Cisternay), né à Paris, en 1698. — Voilà l'esprit le plus encyclopédique que l'Académie des sciences ait jamais possédé. Cet homme, qui d'ailleurs fut un modèle de vertus domestiques, a laissé un grand nombre de mémoires sur la géométrie, l'astronomie, la mécanique, la chimie, la botanique, l'anatomie, et principalement sur l'électricité. Cette dernière branche de la physique était alors très-peu avancée, quoiqu'on s'en occupât beaucoup depuis l'invention des machines de Guerrick.

Dufay est le premier qui ait reconnu deux électricités différentes : l'une qu'il appelait *vitrée*, parce qu'elle était engendrée par le frottement du verre ; et l'autre *résineuse*, parce qu'on la produisait en frottant la résine et les autres substances analogues. Il observa aussi que les corps soumis à l'influence de la même électricité se *repoussent*, et que les corps pénétrés d'électricités différentes *s'attirent* [1].

Tels sont, parmi beaucoup d'autres travaux, les titres glorieux qui assignent à Dufay une des places les plus distinguées dans l'histoire de l'électricité.

Cet homme de bien fut aussi un grand administrateur : on lui confia l'intendance générale du Jardin des Plantes, qui était alors dans un état déplorable ; il en fit, en peu de temps, un des plus beaux établissements de l'Europe.

Dufay mourut à Paris, en 1739.

[1] L'auteur du présent ouvrage a toujours été vivement frappé de cette force intime d'attraction ou de répulsion des corps sous l'empire d'électricités contraires ou semblables. En méditant cette loi, il a cru reconnaître qu'elle régit l'humanité tout entière. Comme individus, les hommes, pénétrés d'un fluide qui leur est propre, se repoussent entre eux ; les femmes, mues par un fluide différent, qui leur est propre aussi, se repoussent également entre elles ; tandis que les hommes et les femmes s'attirent et tendent généralement à se rapprocher ; c'est ce qui explique pourquoi, dans nos sociétés, il y a si peu d'*amitiés* et tant d'*amours*.

Même observation dans l'ordre politique : les nations qui ont des intérêts similaires se repoussent et se font la guerre ; celles qui ont des intérêts différents et même contraires s'attirent et forment des alliances : les économistes le savent bien. Le bon Dufay était loin de soupçonner qu'il eût découvert, dans les archives de la nature, le texte de la loi qui régit le monde moral.

Note 4.

GREW et **WHEELER.**— On doit à ces deux physiciens anglais la découverte de ce fait capital, que tous les corps ne sont pas propres à conduire l'électricité : c'est-à-dire que les uns, qu'on appelle *corps conducteurs*, reçoivent et se transmettent le fluide avec plus ou moins de facilité, comme les métaux et les liquides (l'huile exceptée); tandis que les autres, nommés *corps non conducteurs*, retiennent le fluide, sans lui permettre de se répandre au dehors, comme le verre, les résines, le soufre, la soie, etc.

Newton dit quelque part que, dans les expériences physiques, les choses que l'on trouve valent souvent mieux que celles que l'on cherche. Grew et Wheeler en sont un exemple : ces deux physiciens ne doutaient pas que tous les corps ne conduisissent indistinctement le fluide électrique; leurs recherches n'avaient pour objet que d'essayer si la transmission de l'électricité pouvait avoir lieu à d'assez grandes distances. A cet effet, ils tendirent dans une longue galerie une corde de quatre-vingts pieds devant servir de conducteur; ils la soutinrent vers le milieu par un mince fil de soie tendu horizontalement, dans la pensée que ce fil, vu sa petitesse, ne laisserait échapper qu'une très-petite quantité d'électricité, en sorte que la presque totalité du fluide pourrait parcourir la corde. Cette corde était attachée par un bout à un tube de verre et, par l'autre bout, tenait une boule d'ivoire en suspension. L'expérience réussit parfaitement, à la grande satisfaction des physiciens : tandis que l'un d'eux frottait le tube de verre, l'autre voyait qu'un duvet de plume, placé sous la boule d'ivoire, était attiré, puis repoussé vivement. (Remarquons, en passant, que ce fut là le premier télégraphe électrique.) Or, il arriva qu'en répétant l'expérience, le fil de soie qui soutenait la corde vint à se casser. Grew, fort contrarié de cet accident et n'ayant pas d'autre fil de soie sous la main, le remplaça par un fil de métal; depuis ce moment, tous les effets de l'électricité disparurent. Ce fut un trait de lumière pour les expérimentateurs, qui comprirent que l'obstacle qu'avait apporté le fil de soie à la perte de l'électricité ne venait pas de la finesse du couloir, mais de la nature même de la matière qui constitue la soie[1]. Ainsi, dans cette découverte des corps conducteurs et non conducteurs, ce fut le hasard, ce grand inventeur, qui joua le premier rôle.

Note 5.

« L'invention n'est pas de moi, elle appartient à Sulzer » (Acte I, scène II).

SULZER.— Cet écrivain, très-estimé de son temps, est né dans le canton de Zurich, en 1720. On a de lui, outre un traité sur l'éducation et un grand ouvrage sur la théorie universelle des beaux arts, un recueil plein de faits curieux, ayant pour titre : *Considérations morales sur les œuvres de la nature*. Il fut nommé professeur de mathématiques au collége de Joachim Sthal, à Berlin, et membre de l'Académie de cette ville en 1570, faisant partie de la classe de philosophie spéculative.

Les premières traces de l'électricité galvanique et même de l'électricité voltaïque se trouvent dans un des mémoires de Sulzer, publié en 1767. — Il y est fait mention pour la première fois de l'expérience suivante, que tout le monde connaît aujourd'hui : on prend deux pièces de monnaie, de cuivre et d'argent, par exemple, que l'on place l'une en dessus et l'autre en dessous de la langue, de manière à ce que les pièces puis-

[1] Nous croyons devoir remarquer, au profit des personnes qui craignent le tonnerre, qu'un vêtement complet de soie est très-propre, vu sa propriété non conductrice, de préserver la personne qui en serait enveloppée contre les atteintes de la foudre.

sent se toucher par leur partie saillante. Si on les rapproche l'une de l'autre, on sent, au moment du contact, une saveur que Sulzer compare à celle du sulfate de fer. C'est le courant électrique qui s'établit. Il arrive souvent que ceux qui font cette expérience voient une espèce de lueur qui semble leur passer devant les yeux.

Si on examine de près ce curieux phénomène, ne reconnaît-on pas que la langue et les deux pièces de métaux différents qu'elle sépare constituent véritablement un des éléments de la pile voltaïque? Ainsi, Sulzer aurait été, sans s'en douter, un des auteurs de la grande invention qui, depuis soixante ans, occupe nos académies et tend à prendre possession de tous les domaines de l'industrie humaine.

Quant à l'emploi de ce genre d'électricité recueillie sur le bout de la langue, comme remède contre le mutisme, il est bien certain que jamais Sulzer ni Galvani n'y ont songé. Si l'auteur du drame en a attribué la pensée à ce dernier savant, c'est que, le fait lui paraissant plausible, il s'en est servi comme d'un artifice de composition, pour avoir occasion de parler de l'appareil de Sulzer. Mais quel n'a pas été son étonnement lorsque, il y a quelques mois, il lut dans tous les journaux de Paris l'article suivant, au sujet d'un orage qui avait éclaté sur le faubourg Saint-Antoine!

« Au premier étage d'une maison de la rue de Reuilly, se te-
« nait, dans une chambre à coucher, assis dans un fauteuil, le
« sieur R..., atteint, depuis environ trois mois, d'une paralysie
« qui lui avait fait perdre entièrement l'usage de la parole. La
« foudre, pénétrant dans la chambre, passa au-dessus de la
« tête du malade, mit le feu aux rideaux du lit et partit par la
« fenêtre, dont elle brisa les vitres. Effrayée, Mme R..., suivie de
« sa bonne, accourut près de son mari qui, en les voyant, s'écria:
« *N'ayez pas peur, cela m'a fait du bien.* Il parle aujourd'hui
« parfaitement, et son état, qui inspirait de sérieuses inquié-
« tudes, s'est amélioré au point qu'il est maintenant en pleine
« convalescence. »

Ainsi, l'électricité peut rendre la parole. Cette cure singulière n'aura sans doute pas échappé à ceux de nos médecins qui recherchent les propriétés thérapeutiques du fluide électrique.

Sulzer est mort à Berlin, en 1779.

NOTE 6.

« Conducteur plus sûr que ton aveugle algèbre, maître Æpinus ! » (ACTE I, SCÈNE VI).

ÆPINUS naquit à Rostock, dans le Mecklembourg, le 31 décembre 1724.

Ce savant modeste est un de ceux qui ont le plus contribué au progrès des sciences naturelles; on lui doit d'avoir appliqué de la manière la plus heureuse les mathématiques à la physique. Il eut le premier l'idée de soumettre au calcul et d'emprisonner, en quelque sorte, dans des formules algébriques, les phénomènes si fugitifs et si mystérieux de la puissance électrique, travail hardi qui n'est pas sans mérite, assurément, mais qui n'est pas non plus sans danger. Laplace a déjà signalé les inconvénients que présente cette invasion de l'algèbre dans le domaine des sciences d'observation. La tentation lui semblait trop grande pour une foule d'esprits médiocres d'user ou plutôt d'abuser de ces jeux hiéroglyphiques qui donnent, sans beaucoup de peine, l'apparence d'un savoir que le vulgaire juge profond parce qu'il est inintelligible.

Quoi qu'il en soit, Æpinus, esprit méthodique et juste, ne mérite, en aucune facon, le blâme qu'ont encouru plusieurs de ses imitateurs. Disons aussi qu'il a eu le bonheur d'ouvrir la voie à un successeur habile, à **COULOMB**, qui sut conduire son œuvre à bonne fin.

On doit à ces deux hommes éminents d'avoir fait connaître les règles en vertu desquelles le fluide électrique se répand à la surface des corps. Ils sont parvenus aussi à déterminer par des expériences décisives, et au moyen d'appareils ingénieux de leur invention, la loi suivant laquelle varient les *attractions* et les *répulsions* électriques, lesquelles ont été reconnues agir proportionnellement au carré des distances. Or, il se trouve (et c'est là le triomphe des inventeurs) que cette loi est la même que celle de la gravitation universelle, découverte par Newton.

Æpinus est mort à Dorpt, en Livonie, en 1802. Coulomb, l'inventeur de la balance de torsion, est né, en 1736, à Angoulême; il est mort à Paris, en 1806.

Note 7.

« ... Elle a appartenu au célèbre Franklin... » (Acte I, scène v).

FRANKLIN (Benjamin), né à Boston, le 6 janvier 1706.

Voilà certainement un des philosophes qui honorent le plus l'humanité : comme législateur et comme savant, il laissera dans l'histoire des traces ineffaçables; son pays lui doit son affranchissement, et la science de l'électricité une de ses plus riches applications, par l'invention du paratonnerre. — Un vers attribué à Turgot, et qui est aujourd'hui dans toutes les mémoires, résume admirablement la vie de ce grand homme.

Eripuit cœlo fulmen sceptrumque tyrannis [1].

Notre but est de ne mentionner, dans cette courte notice, que les travaux du savant.

Franklin exerça presque toute sa vie la profession d'imprimeur. Ses presses, établies à Philadelphie, lui offrirent des facilités pour réunir autour de lui des hommes éclairés, qui s'as-

[1] Il ravit la foudre au ciel et le sceptre aux tyrans.

Maur. Leloir lith.

Bᴺ FRANKLIN.

Électricité, Galvani, drame en 5 Actes

Imp. Lemercier et Paris

semblaient toutes les semaines et s'occupaient de questions politiques ou morales, et d'expériences de physique dans quelque but d'utilité publique. — C'est ainsi que se formait, au centre de ces colonies, une opinion qui, pendant la guerre de l'indépendance, a été d'un très-grand secours. La *Gazette*, qui sortait de l'imprimerie de Franklin et à laquelle il fournissait lui-même beaucoup d'articles, devenait un grand moyen d'instruction et d'amélioration dans les mœurs. Il forma, sous le titre de *Library-Company*, une société de lecture dont la bibliothèque s'accrut rapidement de ses dons et de ceux de ses amis. Les provinces voisines suivirent cet exemple, et peu à peu les notions morales se répandirent sur cette vaste contrée où, pendant si longtemps, on ne s'était attaché qu'au défrichement du sol et aux profits du négoce. Qui ne connaît l'almanach du *Bonhomme Richard?* livre admirable où notre sage sut mettre à la portée de tout le monde les choses les plus sérieuses, les vérités les plus importantes. Quelle bonhomie patriarcale! quelle feinte ignorance si agréable aux cultivateurs! et comme toutes ces locutions proverbiales devaient pénétrer dans des esprits naïfs pour n'en sortir jamais! Nous regrettons de ne pouvoir parler des nombreux établissements d'utilité générale, inconnus jusqu'alors en Amérique, qui se multiplièrent sous la direction et par les soins de Franklin. Dans un des clubs littéraires et politiques qu'il fonda, on n'était reçu qu'après avoir répondu à ces questions :

« Aimez-vous tous les hommes de quelque profession ou religion qu'ils soient? »

« Croyez-vous qu'on puisse persécuter ou décrier un homme pour de simples opinions spéculatives, ou à cause du culte qu'il professe? »

« Aimez-vous la vérité pour elle-même? emploierez-vous tous vos efforts pour la connaître et la faire connaître aux autres? »

Qui ne voit, dans ces principes, le secret de la puissance et de la prospérité actuelles des Etats-Unis de l'Amérique?

Franklin doit être classé plutôt parmi les inventeurs que parmi les savants : beaucoup de connaissances lui manquaient en physique ; mais le tact du génie suppléait en lui au savoir acquis par l'étude. La société de lecture de Philadelphie venait de recevoir d'Europe l'avis d'expériences récentes qui attiraient l'attention publique sur les phénomènes de l'électricité. Franklin se mit à l'œuvre : non-seulement il répéta ces expériences, quoiqu'il n'eût à sa disposition que des instruments défectueux ; mais il fut conduit par ses méditations, et un peu aussi par le basard, comme on va le voir, à de fort importantes découvertes. D'abord, il reconnut la loi en vertu de laquelle le fluide électrique se distribue sur les deux surfaces, intérieure et extérieure, de la bouteille de Leyde ; ce qui le porta à donner aux deux fluides le nom d'électricité *positive* et d'électricité *négative.*

Ce fut lui qui découvrit le premier que toute pointe métallique peut rétablir l'équilibre entre des masses électriques, et déterminer insensiblement, même à distance, l'écoulement du fluide.

Comme c'était une constante disposition de son esprit de chercher une application utile des faits nouveaux que la science lui révélait, il eut l'heureuse pensée d'annuler les effets de la foudre, en soutirant, au moyen de ses pointes, l'électricité qu'il supposait accumulée dans les nuages. Le problème ainsi posé fut résolu d'une manière fort simple : par un temps d'orage, il éleva un cerf-volant, et suspendit au bout de la corde un morceau de fer. Tant que la corde resta sèche, l'expérience ne réussit pas; mais, dans un essai nouveau, une pluie inattendue vint humecter la corde, laquelle fit alors l'office d'un conducteur : aussitôt les prévisions de Franklin se réalisèrent, et l'identité du fluide électrique avec la matière qui produit la foudre fut pleinement constatée.

La lettre par laquelle Franklin rendit compte de ses expériences est de 1751. Il se borne à y indiquer comment il entendait qu'on pût se garantir de la foudre en plaçant des tiges de fer, terminées en pointes, au sommet des édifices. Ce ne fut que l'année suivante, en 1752, que le premier paratonnerre fut construit en France, à Marly-le-Roi, par les soins de Dalibar.

A Lille, le physicien Romas répéta l'expérience du cerf-volant ; il le construisit d'une grande dimension ; la corde était enlacée d'un fil de métal qui se terminait vers la terre par un cordon de soie, pour préserver l'observateur des dangers de l'explosion. Le cerf-volant planant dans les nuages, on vit sortir de cet appareil, près du sol, des jets spontanés de lumière, de plus de 3 mètres de longueur, accompagnés de détonations semblables à celles d'un pistolet.

Comment se fait-il que cette belle expérience n'ait pas été continuée, et qu'on n'en ait pas tiré toutes les merveilleuses conséquences qu'elle renferme ? C'est qu'elle offre des dangers et qu'elle exige beaucoup de précautions pour n'être pas meurtrière. Richmann, physicien de Pétersbourg, y perdit la vie ; un autre savant, Brown, eut le même sort. Mais ce qui contribua surtout à faire négliger ces appareils, ce fut l'invention de la pile de Volta, dont les prodigieux effets entraînèrent tous les esprits dans une autre direction. Il ne serait pas impossible qu'on ne revînt un jour vers ces appareils soustracteurs de l'électricité atmosphérique, vainqueurs de la foudre, et qui pourraient devenir producteurs de la lumière gratuite, au moyen des conducteurs lumineux. (Voir, ci-après, la note 13.)

Un dernier mot sur Franklin, sur cet ouvrier imprimeur qui devint le législateur d'un grand peuple. L'antiquité biblique offre-t-elle rien de plus touchant que la sublime simplicité de cet homme qui lègue à Washington, son ami, l'ami du genre humain, son bâton de pommier sauvage? — Étant en France, il vit Voltaire et demanda, pour son petit-fils qui l'accompagnait, la bénédiction du vieillard de Ferney. Dans cette circonstance, Voltaire s'éleva au niveau de Franklin : il imposa les mains sur la tête de l'enfant et s'écria avec émotion : *God and liberty!* « Dieu et la liberté ! »

L'art typographique, dont Franklin s'est toujours occupé, était l'objet de ses constantes préoccupations. « Je recommencerais volontiers ma vie, disait-il ; seulement, j'en effacerais quelques fautes, comme un auteur qui donne une nouvelle édition de ses œuvres. » Son épitaphe, qu'il composa lui-même, longtemps avant sa mort, est un modèle en ce genre. Voici cette pièce, que n'approuverait peut-être pas le bon goût académique, mais qui n'en est pas moins remplie d'un charme inexprimable :

ICI REPOSE,
LIVRÉ AUX VERS,
LE CORPS DE BENJAMIN FRANKLIN, IMPRIMEUR ;
SEMBLABLE A UN VIEUX LIVRE,
DONT LES FEUILLETS SONT ARRACHÉS,
ET LA DORURE ET LE TITRE EFFACÉS.
MAIS POUR CELA L'OUVRAGE NE SERA PAS PERDU ;
CAR IL REPARAITRA,
COMME IL LE CROYAIT,
DANS UNE NOUVELLE ET MEILLEURE ÉDITION,
REVUE ET CORRIGÉE
PAR
L'AUTEUR.

Franklin mourut à Philadelphie, le 17 avril 1790. Vingt mille citoyens assistèrent à ses funérailles ; son deuil fut porté pendant deux mois dans toutes les villes de l'Union. En France, l'Assemblée constituante décréta, en son honneur, un deuil public de trois jours. Son éloge fut prononcé par Condorcet, au sein de l'Académie des sciences.

Note 8.

« J'ai trouvé cette perle chez un marchand de curiosités » (Acte I, scène v).

MACHINE DE FRANKLIN. L'auteur du drame attribue ici à Galvani un fait qui lui est personnel. Il a eu, en effet, la bonne fortune de trouver, il y a quelques années, chez un marchand de bric-à-brac, rue Notre-Dame-des-Victoires, la machine électrique qui, suivant la tradition, a appartenu à Franklin, et dont ce grand physicien s'est servi durant le long séjour qu'il fit à Paris. Cette machine, de grandes dimensions et richement ornée, est d'une construction très-élégante. Elle porte, sur une plaque de cuivre incrustée dans le bois, cette inscription : « B. Franklin. — Philadelphia, 1772. » A tous égards, cette machine est une pièce rare; restaurée par un de nos plus habiles ouvriers-artistes, M. Hemphel, elle sert journellement à faire des observations sur l'état électrique de l'atmosphère : observations qui ont amené l'auteur à reconnaître qu'il existe, en temps de choléra, une certaine concordance entre la diminution du fluide électrique et l'accroissement de l'épidémie. Ce fait a été l'objet d'un Mémoire spécial adressé, en juin 1849, à l'Académie des sciences.

Comme ce mémoire touche à un sujet d'une importance capitale, nous croyons devoir le reproduire ici, ne fût-ce qu'à titre de renseignement. Il se peut faire que la science future en tire quelque profit.

Depuis que le choléra sévit à Paris avec plus ou moins de rigueur, c'est-à-dire depuis bientôt trois mois, j'ai observé journellement l'action de la machine électrique, afin de m'assurer s'il n'y avait pas une certaine relation entre l'intensité du fléau et l'absence du fluide électrique répandu habituellement dans l'atmosphère.

La machine qui a servi à mes observations journalières est assez forte : dans un temps ordinaire elle donne, après deux ou trois tours de roues, des étincelles fulgurantes de cinq à six centimètres. J'ai pu d'abord remarquer que, depuis l'invasion de l'épidémie, il m'a été impossible de reproduire une seule fois les mêmes étincelles : dans le courant des mois d'avril et de mai, les étincelles obtenues à grand'peine n'ont jamais dépassé deux à trois centimètres, et, à peu de chose près, leurs variations ont concordé avec les oscillations du choléra. C'était déjà pour moi une forte présomption de croire que j'étais sur les traces du fait important que je cherchais à constater. Cependant je n'étais pas encore convaincu, parce qu'on pouvait attribuer à l'état hygrométrique de l'air les irrégularités de la machine électrique. Aussi, attendais-je avec impatience l'arrivée du beau temps et de la chaleur pour continuer mes observations avec plus de sécurité. Enfin, le beau temps et la chaleur sont venus, et, à ma grande stupéfaction, la machine fréquemment consultée, loin d'accuser, comme cela aurait dû être, une augmentation d'électricité, n'en a donné que des signes de moins en moins sensibles, à tel point que, pendant les journées des 4, 5 et 6 juin, il a été impossible d'en obtenir autre chose que de légères crépitations sans étincelles ; enfin, le 7, la machine est restée complétement muette. Or, cette nouvelle décroissance du fluide électrique a parfaitement concordé, on ne le sait que trop, avec les nouvelles violences du choléra ; pour moi, j'en étais plus consterné qu'étonné. Ma conviction était faite ; je n'y voyais que la conséquence nécessaire d'un fait bien constaté. On comprend avec quelle anxiété, dans ces moments de crise, je consultais ma machine, triste et fidèle interprète d'une grande calamité. Enfin, le 8 au matin, de faibles étincelles ont reparu ; d'heure en heure, leur intensité augmentait ; je sentais avec bonheur que le fluide vivifiant faisait retour dans l'atmosphère. Vers le soir, un orage annonçait à Paris que l'électricité était rentrée dans son domaine. A mes yeux, c'était le choléra qui disparaissait avec la cause qui le produit. Le lendemain, samedi, 9, mes observations ont continué; tout était alors rentré dans l'ordre. La machine, au moindre attouchement, rendait avec facilité, je dirais presque avec joie, de vives étincelles ; on eût dit qu'elle avait conscience de la bonne nouvelle qu'elle nous apportait.

J'ai cru devoir, M. le président, donner immédiatement connaissance de ces faits à l'Académie.

La question me semble maintenant parfaitement éclaircie : la nature a mis dans l'atmosphère une masse d'électricité qui contribue à l'entretien et au maintien de la vie. Si, par une cause quelconque, cette masse d'électricité vient à être amoindrie et quelquefois appauvrie jusqu'à l'épuisement, qu'arrive-t-il? tout le monde souffre ; ceux qui portent en eux un approvisionnement suffisant d'électricité personnelle résistent ; ceux qui ne peuvent vivre qu'en faisant des emprunts d'électricité à la masse commune, cette masse étant épuisée, périssent.

Ainsi s'expliquent avec clarté et d'une manière toute rationnelle, non-seulement le choléra, mais aussi toutes les épidémies qui, de temps à autre, viennent affliger l'humanité.

Note 9.

Personnages du drame (Acte I, scène I).

GALVANI a vu le jour à Bologne, le 9 septembre 1737. Né avec un penchant très-prononcé pour la mysticité, il eut dans sa jeunesse l'intention de s'ensevelir dans un cloître, et ce ne fut qu'avec beaucoup de peine que ses parents et ses amis le détournèrent de ce projet. Il se voua alors à la médecine, qu'il exerça avec le plus grand succès, sans négliger toutefois ses chères études théologiques. Ayant obtenu, en 1762, une chaire de professeur à l'Université de Bologne, il publia successivement quelques mémoires pleins d'intérêt sur l'anatomie comparée.

La découverte qui rendit le nom de Galvani célèbre fut, comme tant d'autres, l'effet du hasard, de cet être mystérieux qui pourrait bien n'être qu'un agent secret de la Providence. Un jour, il avait placé sur une table, où se trouvait une machine électrique, des grenouilles écorchées dont on devait faire des bouillons. Un élève s'avisa d'approcher la pointe d'un scalpel de la cuisse d'une de ces grenouilles, à l'instant elle éprouva de fortes convulsions et parut rendue à la vie. Un autre élève crut avoir remarqué que cet effet avait eu lieu au moment où l'on tirait une étincelle du conducteur de la machine. Galvani, qui alors était occupé d'un objet différent, ayant été averti de ce qui venait de se passer, répéta l'expérience, qui donna le même résultat. Qu'on se figure la surprise et en quelque sorte l'éblouissement que dut ressentir cet infatigable chercheur. Anatomiste et chrétien, sa vie entière s'était passée à chercher, à travers le labyrinthe des organes de notre corps, quelques traces de notre âme. Galvani varia ses expériences de mille manières et crut pouvoir en déduire une théorie qui fut d'abord très-bien accueillie par les savants et notamment par Aldini et par Volta lui-même. Il supposait que les phénomènes de la contraction musculaire devaient être attribués à une électricité particulière, inhérente à notre organisation et qui se polarise dans les nerfs et dans les muscles; ainsi, chaque fibre représentait, selon lui, une espèce de bouteille de Leyde dont les nerfs sont les conducteurs; le fluide, attiré des muscles dans les nerfs, passe ensuite de ceux-ci à la surface des premiers, en sorte qu'à chaque décharge de cet appareil *électro-organique*, il s'opère une contraction dans les fibres musculaires, d'où résulte le phénomène de la vie.

Cette théorie, successivement combattue et reproduite, partagea longtemps l'opinion du monde savant. Les uns, s'appuyant sur les récentes découvertes de Volta, pensèrent que les mouvements convulsifs provoqués par l'application des conducteurs métalliques ne provenaient pas d'une électricité inhérente aux nerfs et aux muscles, mais de l'électricité simple qui se dégage par le contact des métaux. Les autres, sans contester cette explication, disaient que puisque l'électricité métallique suffit à exciter dans les animaux, après la mort, les mêmes mouvements que ceux qui se manifestent pendant la vie, il en fallait conclure que ces mouvements, se produisant sans le contact des métaux, dans les corps animés, doivent être attribués à l'électricité ou à un fluide analogue, propre aux corps organisés, et que, par conséquent, l'électricité était la condition, ou, du moins, une des conditions essentielles de la vie.

Cette invasion de la physiologie et même un peu du spiritualisme dans le domaine de la physique, à l'occasion de la découverte de Galvani, fut, dans le temps, l'objet de très-ardentes controverses. Cet excellent homme eut la faiblesse de s'en affliger outre mesure; mais sa douleur ne fit que s'accroître de jour en jour, à mesure qu'il sentit le silence se faire autour de lui et qu'il vit ses doctrines sinon complétement désertées, du moins considérablement négligées; car alors tout l'empressement de la curiosité publique se portait avec enthousiasme vers les découvertes plus nettes et plus décisives du physicien Volta, son rival de gloire. D'un autre côté, les événements politiques ne contribuèrent pas peu à augmenter le chagrin qui tuait notre philosophe : plein d'une véritable piété et attaché de cœur au gouvernement pontifical, il vit avec un extrême déplaisir l'arrivée de nos armées victorieuses. Lorsque la République cisalpine fut établie, il refusa le serment exigé de tous les fonctionnaires publics et fut privé de sa chaire; depuis ce moment, le mal de langueur qui le dévorait ne fit qu'empirer et, malgré sa réintégration, sans conditions, dans ses dignités universitaires, la mort l'emporta le 4 décembre 1798.

Le nom de Galvani ne s'effacera jamais des annales de la science, et, quelle que soit la tendance d'ingratitude de ses contemporains, on reconnaîtra un jour que sans lui peut-être Volta n'aurait pas été; et, qu'après tout, n'eût-il que le mérite d'avoir ouvert la route à ce grand physicien, cette gloire suffirait à rendre son nom immortel.

Note 10.

« Je regrette pourtant Aldini, etc... » (Préface).

ALDINI (Jean), né à Bologne, fut, comme Galvani son oncle, professeur à l'Université de cette ville. Conseiller d'Etat du royaume d'Italie et chevalier dè l'ordre de la Couronne de fer, ce savant aurait pu, comme son frère, le comte Antoine Aldini, arriver aux premières fonctions du gouvernement de son pays ; mais il aima mieux se consacrer entièrement aux recherches physiologiques, vers lesquelles les découvertes de son oncle avaient attiré tous les esprits de son temps. Il fit partie de la Société galvanique de Paris et publia dans cette ville, en 1804, un ouvrage en français, ayant pour titre : *Essai théorique et expérimental sur le galvanisme, avec une série d'expériences faites en présence des commissaires de l'Institut national de France et en divers amphithéâtres de Londres.* Cet ouvrage, en deux volumes, renferme des détails du plus haut intérêt. Voici en quels termes M. Babinet rend compte, dans une récente publication, de quelques-uns des travaux du savant italien.

« Aldini essaya à Bologne l'action de l'électricité sur des animaux tués et des hommes suppliciés ou qui avaient succombé à des accidents. Il obtint de très-remarquables effets. Plus tard, étant venu à Paris, on répéta en grand plusieurs de ses expériences à l'Ecole vétérinaire d'Alfort. Là, on vit la tête d'un bœuf détachée du corps et placée sur une table d'amphithéâtre, excitée par le courant électrique, ouvrir les yeux

Marin-Lavigne lith.

A. VOLTA.

Electricité _ Galvani drame en 5 Actes

Imp. Lemercier, Paris

et les rouler en fureur, enfler ses naseaux, secouer ses oreilles, comme si l'animal eût été vivant et se fût préparé au combat. Sur une autre table, les ruades d'un cheval tué faillirent blesser les assistants et brisèrent les appareils placés auprès de l'animal mort. En Angleterre, les physiologistes achetèrent d'un criminel condamné à mort son propre cadavre (marché usité dans ce pays) pour vérifier les théories électro-animales et aussi dans l'intention charitable de rappeler le pendu à la vie et de le moraliser ensuite. Le résultat fut terrifiant : le cadavre ne revint pas à la vie ; mais une respiration violente et convulsive fut reproduite ; les yeux se rouvrirent, les lèvres s'agitèrent, et la face de l'assassin, n'obéissant plus à aucun instinct directeur, présenta des aspects de physionomie si étranges, que l'un des assistants s'évanouit d'horreur, et resta pendant quelques jours frappé d'une véritable obsession mentale. Les Kean et les Talma, dans leur mimique de criminels de théâtre, n'étaient rien auprès de cette nature désordonnée. »

Note 11.

« ... Là, tu trouveras un autre père, le bon Volta » (Acte IV, scène x).

VOLTA, né à Côme, le 18 février 1745. — Voilà un de ces noms qui font époque dans l'histoire de l'humanité : la science, ou pour mieux dire l'invention, n'en compte pas de plus grand. Doué, comme Franklin, d'un génie merveilleux pour observer les faits et pour en saisir les applications, Volta manquait, comme le sage de Philadelphie, de ce talent qui s'acquiert dans les écoles, et au moyen duquel on peut, après coup, traduire les faits observés en théories mathématiques. C'est ainsi que son *électrophore*, son *condensateur électrique* et son *électroscope à paille* ont été mal expliqués par lui-même ; et, à ce sujet, Coulomb et Laplace, ces deux célèbres géomètres, eurent beaucoup de peine à lui faire comprendre les vrais principes sur lesquels reposent ces ingénieux appareils, dont il attribuait les propriétés à de prétendues *atmosphères électriques*. On doit à Volta beaucoup d'expériences sur l'hydrogène; elles le conduisirent à l'invention de la lampe à gaz inflammable, de l'eudiomètre électrique et du pistolet qui a pris son nom. Hâtons-nous d'arriver au plus grand titre de gloire de Volta, à la découverte de l'appareil auquel il a donné le nom de *pile*, et que la science a constaté sous le nom de *pile voltaïque*.

Ce merveilleux instrument, qui, depuis, a été plusieurs fois modifié et perfectionné, se composait tout simplement de disques de cuivre et de zinc, séparés par des rondelles de drap humectées d'eau salée. Ces trois objets formaient ce qu'on appelle un *élément*, et plusieurs de ces éléments posés les uns sur les autres, comme des pièces de monnaie, formaient la pile. — Si l'on met en communication les deux extrémités de cet appareil, le courant électrique s'établit, d'autant plus puissant que les disques sont plus grands et plus nombreux. Volta a été amené à imaginer cet appareil par les recherches qu'il fit à l'occasion de la grande découverte de Galvani (Voir la note 9). Il adopta, puis combattit, les idées de ce savant sur la nature du principe qui fait contracter les muscles des grenouilles mutilées soumises à l'action de l'arc métallique. Ce principe, que Galvani supposait résider dans les nerfs, Volta le montra comme provenant de l'électricité développée par le contact de deux métaux différents.

Volta procède donc de Galvani; il procède un peu aussi de Sulzer, qui, bien longtemps auparavant, avait démontré qu'on peut exciter le courant électrique en plaçant la langue entre deux disques de métaux différents, expérience dans laquelle la langue joue évidemment le rôle de la rondelle humectée de Volta (Voir la note 5).

Nous n'entendons pas énumérer ici les applications diverses qui ont été faites de la pile voltaïque. A ce sujet, nous renvoyons le lecteur à l'avant-dernier article de cet ouvrage (Note 14). Cette note, empruntée à un de nos savants, juge excellent en cette matière, est une longue glorification de cette découverte par le simple exposé des prodiges qu'elle a déjà fait naître dans toutes les branches de l'industrie.

Volta fut professeur de physique, puis directeur de la Faculté de philosophie à l'Université de Pavie. Notre Académie des sciences s'honore de l'avoir compté au nombre de ses membres correspondants. Il mourut, le 6 mars 1826, âgé de quatre-vingt-un ans.

NOTE 12.

« Tout à coup, de ses deux oreilles dressées, je vois s'élancer deux « flammes... » (ACTE III, SCÈNE X).

Cette aventure météorologique est arrivée à l'auteur même de cet ouvrage, il y a une trentaine d'années. C'était dans un voyage qu'il faisait avec un ami, en chaise de poste, de Paris à Rouen. La nuit était très-sombre et le ciel orageux ; la voiture versa sans accident grave. Il fallut aller chercher du secours à la poste voisine pour relever la voiture, qui était tombée sens dessus dessous dans un des fossés qui bordent la route. Laissant sur le lieu son compagnon avec le postillon légèrement blessé, le voyageur monta un des deux chevaux de l'attelage et le laissa aller à sa fantaisie, bien sûr qu'il irait tout seul à son gîte. Le cheval livré à lui-même, quoique dans la nuit la plus noire, se mit au galop, emporté par une sorte de fureur vertigineuse. La pluie tombait à torrents, le tonnerre grondait, et les éclairs, brillant de temps à autre, rendaient l'obscurité encore plus profonde. C'est dans cette course fantastique que le cavalier, partageant l'émotion électrique du cheval, vit à plusieurs reprises deux flammes s'élancer de ses deux oreilles dressées. Le témoin de ce singulier phénomène ne se doutait guère qu'il aurait un jour à examiner si le fluide électrique qui l'avait produit est de même nature que celui qui fit apparaître à César des flammes à l'extrémité des piques de ses soldats. Si ce dernier fait, dû à l'intervention du métal, se rattache à l'électricité voltaïque, l'autre, qui procède d'un être animé, semble appartenir plus intimement à l'électricité galvanique.

Note 13.

« ... Quant à la lumière, nous la produirons ainsi : j'ai imaginé ce « fil lumineux... » (Acte V, scène i).

Le fil conducteur lumineux, *à flammes de diverses couleurs*, que l'auteur attribue ici à Galvani, appartient à l'auteur lui-même. La construction de ce conducteur est fort simple : il consiste, comme on le trouve d'ailleurs déjà indiqué dans quelques traités de physique, en un fil de soie sur lequel on enfile des grains de métal ; seulement, au lieu de les isoler par des nœuds, ce qui est assez difficile, on les sépare, de distance en distance, par des grains de verre; construction très-facile.

On comprend que le fluide électrique, se trouvant arrêté à chaque grain de verre, franchit l'obstacle en émettant une petite flamme; on comprend aussi que, ces grains de verre pouvant être de différentes couleurs, les flammes apparaîtront elles-mêmes diversement colorées. De là, la facilité de former, pour des illuminations électriques, des dessins de toutes sortes : écritures, chiffres, arabesques, etc.

Dans l'état où se trouvait la science à l'époque de Galvani, il était tout naturel de lui faire prédire l'éclairage électrique *gratuit* au moyen de ces conducteurs lumineux ; mais les progrès accomplis depuis en fait de lumière, par la pile voltaïque, ont dépassé de beaucoup les prévisions les plus audacieuses. Remarquons, toutefois, que l'éclairage électrique actuel coûte assez cher et demande des soins, tandis que l'éclairage par nos conducteurs lumineux ne coûterait rien et se ferait tout seul ; car il suffirait d'élever sur nos maisons et sur nos édifices une multitude de pointes, à la manière des paratonnerres ; ces pointes soutireraient silencieusement l'électricité atmosphérique, laquelle se manifesterait par des courants de lumière. Le même procédé ne pourrait-il pas être employé également sur nos navires, qui porteraient ainsi, au haut des mâts, des signaux protecteurs, très-visibles la nuit, surtout dans les temps d'orage ?

Au reste, l'auteur pense que le procédé d'illumination qu'il vient d'indiquer est absolument celui qu'emploie la nature pour la formation des *aurores boréales*. Dans ces régions où règne le froid, l'air tient en suspension des myriades de globules glacés qui jouent exactement le rôle de nos grains de verre. De sorte que les grandes ondes électriques, arrêtées dans leurs mouvements par ces corps non conducteurs, se manifestent par ces splendides lumières que la réfraction teint de si merveilleuses couleurs.

Note 14.

« Qu'on laisse faire les hommes de science, et, dans quelque cent « ans, il fera bon vivre sur cette planète » (Acte V, scène I).

Pour justifier les prévisions du héros de notre drame, nous ne saurions mieux faire que de citer en entier le discours qu'a prononcé, dans une solennité récente, un de nos plus illustres savants. Voici en quels termes M. Dumas résume l'état actuel des œuvres de la pile voltaïque, inventaire magnifique des prodiges qu'a déjà accomplis cette puissante invention qui, pour le bien de l'humanité, semble véritablement marcher à la domination universelle.

Chaque année, à l'occasion de nos réunions générales, vous me permettrez, messieurs, d'appeler familièrement votre attention sur le mouvement de la science industrielle. Je veux aujourd'hui vous entretenir du rôle de l'électricité dans les arts.

La Providence a semé sur nos pas une multitude de particularités, de faits vulgaires, que le commun des hommes remarque à peine, que le génie sait féconder, et d'où il tire ses plus sublimes inspirations.

Ces premiers linéaments de toute grande découverte, il n'est donné à personne de s'en passer. Mais, pour les mettre en œuvre, le travail d'un puissant esprit n'est pas moins nécessaire ; et si, pour dévoiler les lois qui régissent l'univers, il suffit d'une pomme qui tombe, il faut pourtant que Newton soit témoin de la chute. L'histoire de l'électricité est pleine de ces enseignements.

Un bâton de cire, vivement frotté, attire les poussières ; une fourrure, sur laquelle on passe la main, se hérisse, pétille et tire des étincelles ; une pierre d'aimant se dirige vers le nord ; deux pièces de monnaie, de métaux divers, excitent les nerfs de la langue par leur contact ; un morceau de zinc, armé d'un fil de laiton, qu'on plonge dans une dissolution de plomb, y fait naître cet arbre de Saturne, objet de simple curiosité pour les anciens chimistes.

Voilà les premières lueurs dont le génie de l'homme s'est emparé.

Ce mouvement qui agitait les poussières, il en a fait une force motrice qui menace de détrôner la vapeur.

Ces étincelles que donnent les cheveux et les fourrures, ce sont les éclairs orageux ; ce pétillement qui les accompagne, c'est le tonnerre.

En modifiant la façon de les obtenir, il en a fait un foyer de lumière que le soleil seul surpasse en intensité.

Cette pierre d'aimant, qui se dirige d'elle-même, a créé la navigation lointaine ; elle a découvert l'Amérique et l'Australie. Après avoir fourni le moyen de sillonner toutes les mers du globe, elle va servir à lier entre eux tous les continents, au moyen de la télégraphie électrique, dont elle est à la fois l'origine et l'agent.

Ces arbres de Saturne et de Diane, objets stériles de l'admiration de nos ancêtres, ont enfin porté leurs fruits, et c'est sur le principe même de leur formation que reposent la galvanoplastie, la dorure et l'argenture du bronze et de tous les métaux.

Enfin, des contractions excitées dans les membres du la grenouille par le contact de deux métaux hétérogènes, est née la pile de Volta, c'est-à-dire le plus admirable des instruments scientifiques, l'âme de presque toutes les découvertes modernes.

Dans l'ordre moral, c'est l'humble qui est élevé, c'est le superbe qui est abaissé ; il en est de même dans le domaine de la science. Des faits modestes, des idées simples, pénétrés par une vive intelligence, ou mûris par une réflexion puissante, ouvrent à l'esprit humain les routes les plus magnifiques. De savants calculs, des théories brillantes, pures conceptions de l'esprit, qui annoncent des merveilles, aboutissent au néant. Les plus riches tissus de soie sont le produit d'un ver. Napoléon Ier ne s'y était pas trompé. Le puissant génie qui devinait la filature mécanique du lin et le sucre indigène, dès les premières manifestations de la puissance électrique, en avait sondé les mystérieuses destinées. A peine Volta avait-il découvert la pile qui porte son nom, avant qu'aucune application en eût indiqué l'avenir, il écrivait à l'Institut, le 26 prairial an X :

« Je désire donner en encouragement une somme de 60,000 fr. « à celui qui, par ses expériences et ses découvertes, fera faire à « l'électricité et au galvanisme un pas comparable à celui qu'ont « fait faire à ces sciences Franklin et Volta. Mon but est de fixer « l'attention des physiciens sur cette partie de la physique, qui « est, à mon sens, le chemin des grandes découvertes. »

Égaler ou surpasser Franklin et Volta, combien de gens le jugeaient alors impossible ! Croyez-le, messieurs, lorsque l'admirable lettre que je viens de rappeler fut connue, elle trouva plus d'incrédules pour la critiquer que d'esprits disposés à en deviner le sens profond. En quelques pays, on affecta même d'y voir bien moins l'expression d'une conviction scientifique sincère qu'une spéculation sur l'opinion, une manœuvre politique.

Eh bien ! trente années ne s'étaient pas encore écoulées et déjà Oersted découvrait l'action du fluide de la pile sur le fluide de l'aimant; Ampère, l'action du fluide de la pile sur lui-même : Arago, l'action des corps tournants sur l'aiguille aimantée; Faraday, les phénomènes d'induction. Quatre découvertes, qui, prises isolément, peuvent être comparées chacune aux découvertes de Franklin; qui, réunies et mutuellement fécondées, constituent un grand événement social, n'hésitons pas à le dire.

A l'état sauvage, l'homme n'avait que sa propre force à son service; il y ajouta bientôt celle de quelques animaux, ses compagnons fidèles. Plus tard, le vent, les chutes d'eau vinrent à son aide. La vapeur, domptée à son tour, a, de nos jours, enfanté des miracles.

Mais qui oserait prévoir ceux qu'il faut attendre de l'électricité, de cette onde magique et irrésistible, l'âme du monde, qui se transporte instantanément d'un point à un autre; qui, au gré de l'opérateur, se transforme en force docile, en chaleur, en lumière, en puissance chimique, agent universel aussi simple qu'il est mystérieux!

A son tour, Napoléon III ne s'y est pas trompé. Le premier usage qu'il ait fait de son pouvoir le prouve. Le 28 février 1852, il institue un prix de 50,000 fr. à décerner, en 1857, en faveur de l'auteur de la découverte qui rendra la pile de Volta applicable, avec économie, soit comme source de chaleur, soit comme source de lumière, soit comme agent chimique, soit comme agent mécanique, soit comme agent thérapeutique.

Que de gens ont dit encore, malgré les leçons du passé, que ce prix ne serait jamais remporté, qu'il ne pouvait pas l'être! Eh bien, voyons quel démenti deux années à peine ont déjà donné à leurs téméraires assertions. Comme source de chaleur, la pile, entre les mains de M. Despretz, professeur de physique à la Sorbonne, est devenue un irrésistible foyer. On croyait naguère qu'il existait des matières infusibles ou fixes. Au foyer de la pile, tout fond, tout se volatilise. Les métaux, les terres les plus réfractaires coulent en liquide ou s'évanouissent en vapeur. Si quelque obstacle empêche encore l'application industrielle de cette forge ardente au travail du platine, par exemple, c'est moins peut-être la dépense qu'elle exige que la difficulté d'en régler les trop puissants effets, et de prévenir la volatilisation de ce platine, qu'on veut seulement mettre en fusion.

Comme source de lumière, n'a-t-on rien fait de la pile? Un mot va nous l'apprendre. Dans les cours publics, l'expérience, populaire maintenant, de l'éclairage électrique, exigeait, il y a trente ans, une dépense de 50 à 60 francs pour un essai de quelques minutes.

Aujourd'hui, grâce à la persévérance intelligente d'un constructeur habile, M. Deleuil, les travaux des docks Napoléon ont pu continuer la nuit comme le jour. 800 ouvriers ont été éclairés, à l'aide d'une dépense moyenne de 20 fr. par nuit, c'est-à-dire de 6 centimes par ouvrier!

Si le problème de l'éclairage économique au moyen de l'électricité n'est pas encore résolu, est-il permis de nier, d'après cela, que la solution n'en soit possible?

N'est-ce rien que d'avoir, pour un prix déjà si bas, une lumière d'une intensité sans égale, qui n'exige pas d'air pour son entretien, qui peut être excitée dans les vases les mieux clos, qui, conséquemment, fonctionnerait également bien dans les profondeurs d'une mine, au fond même des mers, et qui n'en brille que mieux et plus longtemps lorsqu'elle est plongée dans les gaz les moins respirables?

Comment prévoir les applications d'un agent aussi extraordinaire, lorsque ceux qui peuvent en tirer parti ignorent encore son existence?

Comme agent chimique, la pile, à qui nous devions déjà la galvanoplastie, la dorure et l'argenture électriques, la pile, par les mains de M. Deville, maître de conférence à l'École normale, a tiré de l'argile même un métal nouveau, l'*aluminium*, que ses belles qualités recommandent à l'attention de l'industrie.

Entre les mains de M. Despretz, elle a fait plus encore; elle a converti le charbon en diamants: non, sans doute, en diamants faits pour prendre place dans les parures que le joaillier façonne, mais du moins en diamants que la science reconnaît pour tels. On savait, il est vrai, depuis longtemps, par les forces seules de la chimie, transformer le diamant en charbon, mais il était réservé aux forces électriques, et à elles seules, de transformer, à son tour, le charbon en diamant.

Si, de ces découvertes, nous passons à des applications déjà acceptées par la pratique, comment n'être pas frappé d'admiration en voyant avec quelle précision merveilleuse l'électricité façonne, par simples dépôts galvanoplastiques, les belles planches que M. Hulot emploie pour l'impression des timbres-postes ?

Comment méconnaître l'immense avenir de l'industrie fondée par les travaux de MM. Elkington et de Ruoltz, et si habilement mise en œuvre par M. Christofle, dont les ateliers, animés par la pile seule, rivalisent d'importance néanmoins avec les plus belles usines, et dont les travaux surpassent en régularité les produits des plus anciennes industries ?

Et pourtant, lorsqu'on a vu les ateliers de M. Elkington marcher, à leur tour, au moyen d'une électricité que la pile n'engendre pas, qui est empruntée à des aimants fixes, au moyen de masses en fer doux mises en mouvement par une machine à vapeur, il semble qu'on ait constaté un progrès de plus.

Là, on brûle du charbon sous une chaudière, et il produit de la vapeur. Celle-ci met en mouvement une machine qui fait tourner le fer destiné à emprunter le magnétisme aux aimants. Ce magnétisme se convertit en électricité, qui, à son tour, va fonctionner dans des cuves immenses, comme puissance chimique, pour obliger l'or ou l'argent à aller se déposer sur les bronzes qu'il s'agit de décorer.

Chaleur, force mécanique, magnétisme, électricité, action chimique, telle est la série de transformations que trouve la force excitée, avant d'atteindre son but. M. Elkington opère ses décompositions chimiques manufacturières au moyen de l'électricité qu'un aimant engendre, et il consomme seulement, pour faire cet emprunt, le plus commun des agents industriels, la houille.

Est-il nécessaire ici, aujourd'hui surtout, de vous prouver que la pile a fait de sérieux progrès à titre d'agent mécanique ?

Ignorez-vous qu'un de nos mécaniciens les plus habiles,

M. Froment, fait marcher depuis longtemps ses ateliers au moyen d'un moteur électrique? qu'il trouve, dans son emploi, une régularité, une simplicité, une économie même, qui lui assurent une supériorité incontestable sur tous les autres agents?

Avez-vous oublié les résultats remarquables obtenus par M. Nicklès, pour la construction des freins électriques qu'il entend appliquer aux chemins de fer?

N'avez-vous pas vu, comme exemple de machine industrieuse, le métier que M. le chevalier Bonelli vient d'exposer sous vos yeux, où le lisage et la mise en carte nécessaires dans les métiers à la Jacquart sont supprimés, et où le travail promet de s'effectuer avec une dépense d'électricité bien minime, et une diminution sérieuse dans les fatigues de l'ouvrier?

Enfin, n'avez-vous pas été frappés de la simplicité et de l'énergie du moteur électrique qui vient de fonctionner sous vos yeux, qui, avec un prix d'acquisition de 1,000 francs et une récompense journalière de 2 francs au plus, réalise déjà la force d'un cheval-vapeur, et dont le jeune inventeur, M. Marié Davy, professeur à la Faculté des sciences de Montpellier, est loin de regarder pourtant la construction comme arrivée à son dernier terme?

L'électricité, qui transporte la pensée avec une rapidité telle qu'en moins d'une seconde elle aurait fait quatre fois le tour de la terre, transportera donc bientôt de la lumière, de la force chimique, de la force mécanique, peut-être même de la chaleur pour quelques usages spéciaux.

Ce transport, chose merveilleuse, se fait sans grande perte pour de courtes distances. Faut-il agir? la force est toujours prête; faut-il se reposer? elle ne dépense rien; faut-il se mouvoir? rien ne lui fait obstacle : elle descend les vallées, gravit les montagnes, traverse les cours d'eau, passe au milieu des cités, et se trouve, au terme du parcours, avec toute son énergie, comme un liquide qui reprend son niveau.

En 1850, nous demandions ici : Est-il donc impossible de créer de petits moteurs, capables de prendre place dans les chaumières ? N'y a-t-il aucun moyen, ce moteur étant placé au centre du village ou du hameau, de s'en servir pour distribuer la force dans chaque chaumière, à la portée de chaque famille ?

Un pareil moteur, disions-nous encore, permettrait au père de famille de travailler près de son foyer, au milieu de ses enfants ; à la jeune fille, d'accomplir sa tâche sous les yeux de sa mère. Il donnerait aux habitants des campagnes la faculté d'accroître leur bien-être par un travail manufacturier, sans entrer en contact avec la corruption et le désordre, en restant au milieu des conditions de salubrité et de moralité que la vie de famille réalise seule.

Nous avions raison. Vous voyez aujourd'hui que, si les progrès de l'industrie avaient forcé les ouvriers à se grouper autour des chutes d'eau ou des machines à vapeur, des progrès nouveaux, rendant facile la distribution de la force à distance, reconstitueront un jour l'indépendance du foyer domestique et l'unité de la famille laborieuse.

L'impulsion énergique de Sa Majesté a porté ses fruits. Ses vœux ont été entendus. Votre Conseil entoure de toutes ses sympathies et de toutes ses sollicitudes les inventeurs que cette haute initiative a déjà suscités ; vos applaudissements récompensent leurs efforts.

Nous obéissons ainsi, tout à la fois, à nos convictions scientifiques et aux sentiments de reconnaissance qui nous sont inspirés par l'accueil fait à notre bureau, dans l'audience particulière que Sa Majesté a bien voulu lui accorder, et où il a reçu l'assurance que la Société, dans sa maturité, retrouverait en Napoléon III un protecteur aussi sympathique que celui qu'elle avait, à sa naissance, en Napoléon Ier, son fondateur.

Note 15.

—

CONCLUSION.

—

« Oui, c'est dans le ciel que sont écrites les lois qui doivent régner « sur la terre » (Acte IV, scène x).

Il y a dans ces paroles de notre Galvani une philosophie toute nouvelle, d'origine réellement céleste, et qui, bien comprise et sincèrement pratiquée, mènera inévitablement, sans violence et sans combats, à la régénération de nos sociétés.— En attendant qu'il nous soit donné de développer ailleurs cette doctrine de salut, nous la voulons résumer ici en quelques paroles.

La sublime harmonie qui règle les mouvements de l'univers ne résulte que de l'équilibre parfait que Dieu a su établir et maintenir entre les deux grandes forces rivales, *attraction* et *répulsion*, qui agissent sur les corps célestes. — Il est bon d'examiner ce qui arriverait si l'une de ces forces parvenait à détruire l'autre et à dominer seule. Si c'était, par exemple, l'attraction qui l'emportât, tous les globes se précipiteraient vers un centre commun, et le monde périrait par *immobilisation;* si, au contraire, la répulsion avait le dessus, tous les corps se fuiraient, et le monde périrait par *dispersion*.

Or, par une analogie qu'on retrouve dans toutes les œuvres de la création, notre monde social est soumis, lui aussi, à l'action combinée de deux forces rivales : l'esprit d'*autorité*, force attractive, et l'esprit de *liberté*, force répulsive. Admettons que, dans la lutte, l'esprit d'autorité annihile son antagoniste et règne seul. Qu'arriverait-il ? On graviterait vers l'immobilité, et l'on descendrait en peu de temps à l'état de ces nations d'esclaves qui pèsent sur l'Orient. Si, au contraire, le champ de bataille restait à l'esprit de liberté, on tomberait immédiatement à l'état de ces peuplades sauvages que Dieu semble avoir oubliées dans quelques îles de l'Océanie. Qu'on le sache bien, c'est fatalement vers une de ces deux extrémités que tendent les efforts révolutionnaires et réactionnaires de nos sociétés modernes, triste héritage des sociétés antiques, qui ne nous ont laissé que des lois de conquêtes, contrats rédigés par des vainqueurs au détriment des vaincus, et que les générations se sont passés de mains en mains pour leur malheur. Partisan du pouvoir ou ami de la liberté, chacun, dans son ignorance, se croit intéressé à détruire son adversaire et pense que le bonheur public n'est qu'à ce prix. Erreur d'autant plus déplorable qu'elle est de bonne foi ; là est la pierre d'achoppement où, depuis la création, sont venues se briser toutes les institutions humaines. Citoyens et ilotes, patriciens et plébéiens, guelfes et gibelins, blancs et bleus, c'est toujours, sous des noms différents, le même antagonisme stupide, toujours les mêmes luttes dans les mêmes ténèbres : combats insensés qui rendent tout stérile, et les travaux des hommes de génie, et les belles doctrines des sages, et même, hélas ! la divine morale du Christ. Il est temps que la vraie lumière se fasse, il est temps que les hommes, guidés par le flambeau de la science, voient et comprennent que les deux fluides d'*électricité sociale*, autorité et liberté, qui semblent se disputer le monde, au lieu de tendre à s'entre-détruire, doivent chercher à s'*harmoniser*. Hommes d'Etat, économistes, législateurs, réfléchissez-y ; là, et là seulement, est toute la question. Apprenez enfin à connaître la loi des lois. Newton l'a écrite, sous la dictée de Dieu, au front du firmament ; il l'a écrite sans la comprendre, et voilà qu'un obscur penseur qui, pendant quarante ans, a tenu les yeux fixés sur ce texte divin, a fini par en découvrir le sens. Il vous apporte une vérité politique qui brille, à ses yeux, de toute l'évidence d'un fait matériel. Elle lui est apparue comme une seconde révélation, car elle concorde admirablement avec la loi chrétienne, laquelle a dit : « Tous les hommes sont frères ! »

TYPOGRAPHIE HENNUYER, RUE DU BOULEVARD, 7. BATIGNOLLES.
Boulevard extérieur de Paris.

THÉATRE SCIENTIFIQUE.

A paraître :

Philosophie. — HYPATIE — *ou* L'ÉCOLE D'ALEXANDRIE,
Drame en cinq actes.

Politique. — UN ROI D'ESPAGNE — *ou* L'ABSOLUTISME,
Drame en cinq actes.

Mécanique. — ARCHIMÈDE — *ou* LE SIÉGE DE SYRACUSE,
Drame en cinq actes.

A LA MÊME LIBRAIRIE.

TRAITÉ THÉORIQUE ET PRATIQUE
DES ENTREPRISES INDUSTRIELLES
COMMERCIALES ET AGRICOLES
OU
MANUEL DES AFFAIRES
PAR M. COURCELLE-SENEUIL,
Auteur du *Traité théorique et pratique des Opérations de Banque.*
Un vol. in-8°. — Prix, 7 fr. 50.

ÉLÉMENTS DE L'ÉCONOMIE POLITIQUE
PAR M. JOSEPH GARNIER.
TROISIÈME ÉDITION. — Un volume grand in-18. — Prix, 3 fr. 50.

COURS D'ÉCONOMIE POLITIQUE
PAR ROSSI.
TROISIÈME ÉDITION. — Quatre volumes in-8°. — Prix, 30 fr.

COURS D'ÉCONOMIE POLITIQUE
PROFESSÉ AU MUSÉE ROYAL DE L'INDUSTRIE BELGE
PAR M. G. DE MOLINARI.
Un beau volume grand in-8°.

THÉORIE LÉGALE DES OPÉRATIONS DE BANQUE
droits et devoirs des banquiers en matière de commerce d'argent,
PAR M. EUG. PAIGNON,
AVOCAT AU CONSEIL D'ÉTAT ET A LA COUR DE CASSATION.
1 vol. in-8°. — Prix, 7 fr. 50.

TYPOGRAPHIE HENNUYER, RUE DU BOULEVARD, 7. BATIGNOLLES.
Boulevard extérieur de Paris.

www.ingramcontent.com/pod-product-compliance
Ingram Content Group UK Ltd.
Pitfield, Milton Keynes, MK11 3LW, UK
UKHW020248250726
13967UKWH00004B/1567